나는 도망칠 때
가장 용감한 얼굴이 된다

나는 도망칠 때
가장 용감한 얼굴이 된다

글 윤을 · 그림 김수현

클레이하우스
CLAYHOUSE

변명을 명분으로 바꾸는 도망의 기술

제프 다이어의 글은 읽는 이의 멱살을 잡는 맛이 있다. 분명 자기 자신을 조롱하고 있는데, 난데없이 그 글을 읽는 사람까지 손에 끌고 들어가 꼼짝도 못 하게 만든다. 나 역시 7년 전 편집을 맡은 책 속 한 구절에 멱살을 잡혀 그 자리에서 굳어버렸다.

밖에 있으면 실내로 들어가고 싶었고 실내에 있을 때는 밖으로 나가고 싶었다. 가장 심할 때는 일단 좀 앉고 싶은 생각이 들었다가, 자리에 앉자마자 일어나야 할 것 같은 생각이 들고, 그래서 일어난 다음에는 다시 앉고 싶은 생각이 들었다. 나는 그렇게 앉았다 일어났다를 반복하며 인생을 허비했다.

이런 상태에서 자유로운 사람이 얼마나 될까. 우리는 취업하면 퇴사가 하고 싶고, 연인과 헤어지면 다시 그를 그리워한다. 우습게도 퇴사를 결심하면 회사를 계속 다녀야 하는 이유가 생각이 나고, 헤어진 연인에게 다시 전화를 걸려고 하면 우리가 이별할 수밖에 없었던 이유가 걷잡을 수 없이 떠오른다. 이러지도 저러지도 못하는 시간으로 자신의 삶을 가득 채우고, 시간이 한참 흐른 뒤에야 깜짝 놀라며 도대체 내가 원하는 것이 뭔지 모르겠다고 한탄한다.

자신의 마음을 '폐허'라고 표현하는 이 책(책 제목은 에필로그에서 알려드리겠다. 책을 끝까지 읽게 하기 위한 소소한 트릭이니 넓은 마음으로 이해해주길 바란다!)은 처음부터 끝까지 제프 다이어의 이렇듯 복잡한 정신 상태를 예민한 언어로 보여준다. 그는 "동물들이 도망을 갈 때는 적어도 한 방향으로 움직이지만, 내 머릿속에는 온갖 것들이 온갖 방향으로 정신없이 옮겨 다니고 있었다"라며 무리 지어 도망치는 동물보다 자신이 처한 상황이 더 위태롭다고 진단했다.

아마 이때였을 것이다. 내가 '도망'을 삶의 가장 중요한 키워드로 진지하게 받아들인 시점이자 기어이 도망을 주제로 한 책까지 쓰겠다고 덤벼들게 한 최초의 계기가 말이다. 동물들처럼 최소한 한 방향으로 달아나는 도망이야말로 내가 원하는 것이 무엇인지 모르는 무기력한 상태로부터 탈출하게 해주는 가장 현실적인 방안일 것 같았다.

물론 도망은 결코 말처럼 쉬운 일이 아니다. 사람들은 도망치는 행위를 비겁하다고 생각한다. 타인의 도망을 조롱하는 것만큼 나 자신이 도망을 칠 때도 무력감과 패배감을 느낀다. 그 어떤 타당한 이유도 도망이란 선택지 앞에만 서면 이유가 아니라 변명이 되어버리고 만다. 그러니 웬만하면 버티는 쪽을 택한다. 이리 갔다 저리 갔다 하면서 제자리에서 맴돈다.

단순히 마음만 먹는다고 도망칠 용기가 저절로 생기는 건 아니다. 우리에게 필요한 건 변명을 명분으로 바꾸는 기술이다. 변명과 명분을 확실히 구분해 변명이 아닌 명분을 내세울 때만 상처받지 않고 도망칠 수 있다.

사실 도망치는 건 부끄러운 일이 아니다. 시인 백석도 산골로 가는 건 세상한테 지는 것이 아니라고 했고, 고대 중국의 병법서

프롤로그

에서도 삼십육계 가운데 도망치는 게 상책이라고 했다. 하지만 준비 없이 도망치는 건 엄청난 타격으로 되돌아온다. 적에게 등을 보이는 순간 우리는 쉽게 칼에 베인다. 잘못 도망치면 맞서 싸우다 전멸하는 것보다 훨씬 더 큰 타격을 입게 된다.

그러므로 잘 도망쳐야 한다. 무턱대고 도망치는 게 아니라 명분을 만들어야 하고, 그 명분은 반드시 나의 존엄성을 지키는 데 전력을 다해야 한다. 이 책의 존재 이유도 그것이다. 당신은 어렸을 때나 지금이나 포기하지 말라고, 힘든 일이 있어도 버티라고, 겁쟁이가 되지 말라고 다그치는 온갖 조언과 충고를 듣고 살았을 것이다. 과연 누가 틈만 나면 도망치라는 말을 매일같이 듣고 살았겠는가.

나 역시 잘 도망친 적도 있고, 만신창이가 된 채로 도망친 적도 있다. 끝까지 버티다 장렬하게 전사하기도 했고, 용감하게 싸워 승리를 거머쥐기도 했다. 갖가지 경험을 하며 깨달은 한 가지는 나이가 들수록 잘 도망쳐야 한다는 사실이다. 성공적인 도망만이 나를 철저히 지켜주면서 다음 단계로 나아갈 발판까지 마련해준다.

이 책은 세상 온갖 것을 레퍼런스로 삼는다. 내가 실제로 겪은 일과 조금씩은 각색한 내 주변 인물들의 이야기는 물론 역사적 인물과 소설 속 허구의 인물도 사례로 등장한다. 네 가지 이야기는 마구 뒤섞여 현실보다 더 그럴싸한 현실을 만들어내는 데 기여할 것이다. 내 삶에 큰 영향을 미친 문학과 철학의 가르침도 이 책의 논지를 강화하는 도구로 활용한다. 그 위대한 작가와 철학자 들이 이런 엉뚱한 책에 자신이 언급되었다는 사실을 알면, 픽 나를 기특하게 생각할 것이다.

아무런 타격을 받지 않고 도망친다는 건 어려운 일이다. 그 사실을 너무나 잘 알기에 이 책은 무작정 도망치라고 말하지 않는다. 현실 도피를 부추기는 건 더더욱 아니다. 그저 나를 지켜준 최고의 무기였던 도망의 기술을 많은 이들과 나누고 싶은 마음이다.

아무쪼록 책을 다 읽고 나면, 맨몸으로 게임에 참여해 가까스로 아이템 하나를 얻은 것 같은 안도감을 느끼길 바란다. 구두를 신고 있다면 당장 운동화로 바꿔 신고 오시길! 운동화 끈도 단단히 매는 게 좋겠다.

**차
례**

1장

나와의 약속보다
소중한 건 없다

도망은 모든 걸 포기하고
죽기만을 기다리는 것과 완전히 다르다.
포기가 가던 길을 중간에 멈춰 서는 행위라면,
도망은 살기 위해 지금까지 가던 방향과는
정반대 방향으로 전력을 다해 뛰는 것이다.

세상에서 도망과 가장 거리가 먼 남자

미국 현대문학을 대표하는 소설가 필립 로스. 그는 퓰리처상과 전미도서상을 받았고, 백악관에서 수여하는 국가예술훈장을 받은 거장 중의 거장이다. 『굿바이, 콜럼버스』로 데뷔한 1959년부터 마지막 작품인 『네메시스』를 발표한 2010년까지 무려 50년이 넘는 기간 동안 꾸준히 집필 활동을 해왔다. 그동안 발표한 작품만 서른 개가 넘는다. 그러니까 그는 반짝스타가 아니라 평생을 글쓰기에 분투해온 직업인으로서의 소설가이자 진정한 장인이다.

도망을 주제로 한 이 책의 첫 페이지를 평생 도망이라고는 쳐보지 않았을 것 같은 필립 로스가 열다니 아이러니하지 않은가? 삶의 온갖 모순과 문제에 정면으로 부딪쳐온 그가 과연 진짜 살면서 도망을 쳐본 적이 있기나 할까?

결론부터 말하면 필립 로스도 도망친 적이 있다. 그것도 작가

로서 가장 결정적인 도망, 거창하게는 존재론적 도망이라고 할
법한 도망을 감행했다. 바로 절필 선언! 그는 『네메시스』를 발표
하고 2년이 흐른 2012년, "더 이상 쓸 것이 없다"라며 『네메시
스』가 마지막 작품이 될 것임을 분명히 밝혔다. 40~50도 아니고
80에 가까운 나이에 선언한 절필인 만큼 그 무게는 남달랐다.

　절필을 선언하고 6년이 흐른 2018년 5월에 그가 85세의 나이
로 세상을 떠났으니 약속대로 『네메시스』는 그의 마지막 작품이
되었다. 50년 넘게 소설을 써온 그가 돌연 소설을 쓰지 않기로
마음먹고 또 그와 같은 사실을 굳이 세상에 알렸다면, 이건 절대
그냥 넘겨서 될 일이 아니다. 사랑하는 작가의 글을 더 이상 읽
을 수 없음에 아쉬워할 것이 아니라 왜 그런 선택을 했는지, 꼭
그렇게 도망을 쳐야 했는지 그 이유를 알아내야 한다.

　그가 내세운 도망의 명분은 분명하다. 더 이상 쓸 게 없다는
것. 작가로서 하고 싶은 말을 이미 세상에 다 했으니 실제로 더
쓸 이유가 없다는 것이었다. 다른 누구도 아닌 필립 로스라면 그
런 말을 할 자격이 있다. 흔해빠진 레토릭도, 허세가 묻어 있는
과시도 아니기에 작가의 말은 설득력이 있는 차원을 넘어 감동
적이기까지 하다. 또 명분이 확실한 만큼 누구도 그의 절필을 비
겁하다고 여기지 않는다.

　하지만 명분은 명분일 뿐 진짜 이유는 다른 데 있을지도 모른

나와의 약속보다 소중한 건 없다

다. 그가 2010년 『네메시스』를 발표할 때가 아니라 그 후 2년이 지난 다음에야 절필을 선언한 점으로 미루어 2년 사이에는 다른 쓰고 싶은 이야기가 있었을지도 모른다.

그렇다면 그가 내세운 명분 뒤에 숨어 있는, 그가 도망친 진짜 이유는 어떻게 알 수 있을까. 힌트는 바로 그의 마지막 작품인 『네메시스』 안에 있을 것 같다. 『네메시스』는 한마디로 도망쳐야 할 때 도망치지 못하고, 도망치지 말아야 할 때 도망친 한 남자가 '천벌(nemesis)'을 받은 이야기니까.

캔터는 다른 친구들과 달리 2차 세계대전에 참전하지 못한다. 시력 문제 때문에 징집 대상에서 제외된 것이다. 이 부채 의식은 체육 교사인 그가 자신이 돌보는 뉴어크의 아이들을 폴리오라는 무시무시한 전염병으로부터 지켜내야 한다는 책임감을 가중한다. 그래서 그는 아이들이 하나둘 폴리오에 감염되는데도 도망치지 않고 자기 자리를 지킨다.

하지만 남자 친구의 그런 모습을 그냥 두고 볼 수 없었던 마샤는 캔터에게 어서 뉴어크를 떠나 자신이 있는 인디언 힐로 오라고 재촉한다. 인디언 힐은 아직 폴리오에 감염된 사람이 없는 청정 지역이었다. 캔터는 여러 차례 거절했지만, 결국 사랑하는 여자 친구의 간곡한 부탁을 끝까지 거절할 순 없었다. 그는 뉴어크에서 도망쳐 인디언 힐에 도착했지만, 그곳에서 평화롭고 행복한 나날이 이어질수록 더 큰 죄책감에 시달린다. 시력 문제도, 여자 친구의 간절한 부탁도 전쟁이나 전염병에서 도망쳐 온 자신을 떳떳하게 해주진 못한 것이다.

그래서 캔터가 받은 천벌이 뭐냐고? 알고 보니 그는 인디언 힐로 도망쳐 오기 전에 이미 폴리오에 감염되어 있었다. 증명할 수는 없지만 뉴어크에서 아이들 사이에 폴리오가 빠르게 번진 것도, 폴리오 청정 지역이었던 인디어 힐에서조차 아이들이 폴리오에 걸리기 시작한 것도 모두 자신 때문인 것 같다. 그러다 마침내 자기 몸에서 마비 증상이 나타났을 때 과연 그는 무엇을 더 선택할 수 있었을까. 캔터는 결국 스스로에게 복수하며 최소한 천벌로부터는 도망치지 않는다.

『네메시스』를 읽으면 필립 로스가 왜 군이 80의 나이에 절필을 선언했는지 짐작이 좀 된다. 캔터의 저주는 인생을 그저 흘러가는 대로 살았다는 데서 기인한다. 자신의 인생임에도 그는 번번이 자신의 선택에서 소외당한다. 세계대전에 참전하지 못하는 것, 뉴어크를 지키는 것, 심지어 뉴어크에서 도망을 치는 것에도 그의 의지가 끼어들 틈은 많지 않았다. 그의 삶은 항상 떠밀리듯 어딘가에 도착했고, 그럼에도 윤리적 감수성만은 남달리 예민했기에 하릴없이 죄책감에 시달렸다.

그러니까 중요한 건 도망치느냐 도망치지 않느냐가 아니다.

나와의 약속보다 소중한 건 없다

도망을 치더라도 거기에 나의 의지와 주체성만 깃들어 있으면 우리는 구원받을 수 있다. 필립 로스가 절필을 선언한 것도 바로 이런 이유 때문이 아닐까. 나이가 들어 더는 못 쓰게 된 게 아니라, 어쩌다 보니 글을 더 쓰고 싶은 마음이 사라진 게 아니라, 자신의 강한 의지로 소설을 더 이상 쓰지 않겠다고 선택하고 이를 세상에 공개한 것이다.

그가 남긴 유명한 문장, "영감을 찾는 사람은 아마추어이고 우리는 그냥 일어나서 일을 하러 간다"라는 말까지 곱씹어 보면 그의 절필은 더욱 비장하게 느껴진다. 그러니까 그는 도망을 쳐도 도망을 친 게 아니다. 덕분에 문학적으로건 사상적으로건 그에게 동의하지 않는 사람들도 그의 작가적 삶엔 경의를 표한다. 그건 그가 소설을 잘 써서도, 도덕적으로 훌륭한 인간이어서도 아니다.

—

자기계발서를 읽을 때 필요한 무기

책 좀 읽는 사람들 중 자기계발서를 은근히 무시하는 사람들이 있다. 실은 나도 그중 하나였다. 자기계발서에 대한 거부감은 자기중심적인 태도에서 기인한다. 나는 더 바꿀 게 없다거나, 바꿀 게 있더라도 굳이 그런 노력은 하고 싶지 않다는 자기애가 모든 종류의 조언을 거부하는 것이다. 이런 부류의 사람들은 제법 안정적인 삶을 산다. 웬만한 일에 흔들리지도 않고 남을 부러워하며 전전긍긍하지도 않는다. 매사에 방어적인 태도를 지닌 만큼 소망을 함부로 드러내지도 않고 그렇기 때문에 실망하거나 상처받는 일도 드물다.

이와는 달리 자기계발서를 읽는 사람들은 기본적으로 낙관론자다. 더 나은 내가 되길 바라며, 내가 얼마나 노력하는지에 따라 더 나은 내가 될 수 있다고 생각한다. 사랑이든, 돈이든, 건강이든, 어학 공부든, 관계 개선이든, 승진이든, 뭐든 원하는 것도 많고 그것을 이루거나 갖기 위한 노력도 열심히 한다. 낙관론자가 아니라면 꾸준히 견지할 수 없는 태도다.

나는 요 몇 년 사이 자기계발서를 읽지 않는 사람에서 자기계발서를 읽는 사람이 됐다. 어떤 경계를 넘는다는 건 그 자체로 의미 있는 일이지만, 다른 모든 일과 마찬가지로 이런 시도에도 분명한 장점과 단점이 있다. 가장 큰 장점은 내 세계가 그만큼 확장됐다는 것이다. 나는 고정된 사람이 아니라 얼마든지 다른 무엇이 될 수 있음을 깨달았고, 유연하게 새로운 것에 도전하게 됐다. 단점은 나를 나답게 했던 많은 것이 사라졌다는 점이다. 자기중심을 지키지 못한 만큼 어디에서도 겉도는 느낌이 생겼고,

더 나은 내가 되길 바라는 만큼 그러지 못한 나를 부족하게 여기는 경향이 생겼다.

자기계발서를 읽을수록 나는 부족한 사람이라는 게 명백해진다. 돈도, 건강도, 인간관계도, 어학 실력도, 업무 역량도 내가 원하는 만큼 갖추지 못했다. 물론 그런 분발심이 없으면 더 나은 내가 되고자 하는 원동력조차 생기지 않을 테니 건강한 수준의 열등감은 도움이 될 때도 많다. 중요한 것은 어떻게 이런 열등감과 분발심을 건강한 수준으로 유지할 것인가이다. 균형 감각을 갖추지 않은 채 덮어놓고 읽기만 한다면 자기계발서는 읽는 사람에게 오히려 독이 될 수 있다.

바로 이 균형 감각을 유지하는 데 최고의 무기가 되는 것이 도망이다. 우리는 자기계발서가 채찍질하는 바대로 더 나은 내가 되려고 애쓰거나 가지지 못한 걸 손에 넣으려고 노력할 수 있지만, 언제든 그게 여의치 않으면 도망칠 줄도 알아야 한다. 도망은 모든 걸 포기하고 죽기만을 기다리는 것과 완전히 다르다. 포기가 가던 길을 중간에 멈춰 서는 행위라면, 도망은 살기 위해 지금까지 가던 방향과는 정반대 방향으로 전력을 다해 뛰는 것이다. 그러니 도망치는 데도 기술이 필요하다. 잘 도망쳐야 나를 지킬 수 있고 그래야 다음 기회를 엿볼 수 있다.

다시 말해 원하는 것이 많을수록, 의욕적인 삶을 살수록 당신은 현명하고 떳떳하게 도망칠 줄 알아야 한다. 현인들은 행복하려면 원하는 것을 줄이고 지금 가진 것에 만족하라고 말하지만, 현인이 아닌 한창의 우리가 벌써부터 그리 사는 건 불가능하지 않은가. 그러니 우리는 더 행복한 삶을 위해, 포기하는 법 대신 도망치는 법부터 배워야 한다. 그래야만 나를 흔들어대는 바깥의 온갖 힘으로부터 굳건히 나를 지켜낼 수 있다.

—

매일 치르는 자존감 전쟁

아이를 낳고 키우다 보면 깜짝 놀랄 때가 많다. 내 아이가 아무래도 천재인 게 틀림없다며 괜히 혼자 호들갑을 떠는 일도 부지기수다. 내가 엄마가 아니라 아빠이기 때문이다. 그게 무슨 상관이냐고?

꼭 그런 건 아니지만 대체로 아빠들의 생활 반경에는 다른 아이가 들어올 틈이 많지 않다. 내 아이만 보기 때문에 비교 대상이 없는데 그러다 보니 아빠는 아이를 '절대평가'한다. 실제로 아이들은 상상 이상으로 똑똑하다. 저마다 다 천재라고 해도 과언이 아니다. 아무것도 모른 채 태어나 하나씩 배워가는 과정을 보면, 아빠로선 호들갑을 떨 수밖에 없다.

반면 엄마들은 내 아이 말고 다른 아이도 자주 만난다. 그러니 항상 내 아이와 다른 아이의 성장 속도를 비교하게 되고, 누가 빠르니 늦니 하며 괜히 걱정하고 조바심을 낸다. 엄마는 저절로 아이를 '상대평가'하게 되는 것이다. 그러니 엄마 눈에 아이는 웬만해선 천재로 보이지 않는다.

엄마들에 비해 육아 부담을 현저하게 덜 짊어진 덕에 내 아이가 천재로 보인다고나 할까. 사실 행복하고 충만하게 사는 지름길은 타인과 비교하지 않는 태도에 있다. 우리 모두 그 사실을 알고 있지만, 현실 세계에서 그런 환경을 갖기란 애당초 불가능하다. 우리는 타인과 관계를 맺은 순간부터 상대방과 나를 비교하고 평가한다. 매일 내가 나를 '상대평가'하는 저주에 걸려버리는 것이다.

사르트르의 말처럼 우리는 타인의 시선으로 나 자신을 보는 지옥에 갇혀 산다. 더군다나 한국처럼 위계질서가 분명하고, 그어떤 관계에서도 서열을 따져야 직성이 풀리고, 갑과 을의 게임을 숨 가쁘게 이어가는 사회에선 자존감을 건강하게 지켜내기가 쉬운 일이 아니다. 수많은 사람이 자존감에 상처가 났다고 호소하고 힐링이 필요하다고 소리친다.

나 역시 매일 이 문제와 싸웠다. 철저하게 성과로 평가받는 직장 안에서는 이런 자존감 전쟁이 날것 그대로 드러난다. 특히 처음 팀장이 되어 팀 매출을 책임지는 자리에 앉고 보니 막연히 생각했던 것보다 훨씬 더 부담감이 컸다. 팀원들에게도 믿을 만한 리더라는 평가를 받고 싶었고, 경영진에게도 성과를 내는 팀장이라는 평가를 받고 싶었다. 비즈니스 파트너들에게도 마찬가지로 함께 일하고 싶은 사람으로 인식되고 싶었다. 여기에 더해 업무적으로도 인간적으로도 좋은 사람이라는 평가를 갈구했다.

결국 몸이 버티지 못했다. 중요한 프로젝트를 진행할 때는 부담과 스트레스를 견디지 못해 입에 온갖 염증이 생겼다. 입술 주변, 혀, 입천장, 입안, 목 등에 수백 개의 궤양이 생긴 것이다. 말하거나 먹는 것은 물론 물을 삼키기조차 힘들었다. 열흘 정도 심하게 앓다 보니 몸이 내게 보내는 강력한 신호라는 생각을 떨칠 수 없었다. 지금 당장 도망치라는 신호였다.

그런데 무엇으로부터 도망친단 말인가. 실제로 나를 괴롭히는 사람은 아무도 없었다. 내게 부담을 주는 사람도, 내게 완벽을 요구하는 사람도 없었다. 나를 괴롭히는 사람은 내가 유일했다. 우리가 매일 치르는 자존감 전쟁은 관계 속에서 발생하지만, 실상은 나 혼자 치르는 인정 욕구와의 전쟁이 대부분이다. 이런 사실을 깨닫게 되면 단순히 책임을 회피하거나, 프로젝트를 포기하거나, 다 내팽개치고 퇴사해버리는 건 제대로 도망치는 게 아니라는 걸 알 수 있다. 그런 행동은 내 자존감에 더 큰 타격을 입힐

뿐이다.

그러니까 우리가 도망쳐야 하는 진짜 대상은 특정한 사람이나 회사 혹은 상황이 아니라 내 안의 나르시시즘적인 자의식일 때가 더 많다. 나는 이 정도는 돼야 한다는 자의식 과잉, 모두 나만 쳐다보고 있을 거라고 믿는 자의식 과잉이 끊임없이 나를 공격하고 괴롭힌다. 모든 건 마음먹기에 달렸다는 한가한 소리나 하려는 게 아니다. 심심찮게 내 혀나 입안을 깨무는 날카로운 나의 이처럼 내 자존감을 공격하는 내 자의식은 실질적이고 물리적인 것이다.

—

절대 술을 쏟지 않는 할아버지처럼

이쯤에서 나의 20대를 이끌었던 할아버지 한 분을 소개하는 게 좋겠다. 헤밍웨이 소설에 등장하는 인물인데 이름은 알 수 없다. 거대한 물고기와 밤새 사투를 벌인 산티아고 할아버지 아니냐고 물으신다면 잘못 짚었다. 『노인과 바다』가 아니라 「깨끗하고 불이 환한 곳」에 등장하는 할아버지다.

12페이지밖에 되지 않는 짧은 소설에서 그가 한 일이라곤 늦은 밤 카페에서 혼자 브랜디를 시켜 마신 것뿐이다. 그야말로 영웅적인 강인함을 보여준 산티아고 할아버지에 비하면 그의 존재감은 소설 속에서나 세계문학사에서나 너무나 미미하다.

이 할아버지는 청력이 떨어져 자신을 조롱하는 어린 웨이터의 말을 듣지 못하고, 허무함에 지쳐 자살 시도까지 한 적이 있다. 돈이 많은데도 삶의 허무함을 이길 순 없었던 모양이다. 그는 삶을 포기하기 직전까지 스스로를 내몰았지만, 결국 삶을 견딜 다른 방법을 찾는다. 바로 밤마다 집에서 나와 깨끗하고 불이 환한 카페에서 시간을 보내는 것이다. 어둡고 시끄럽고 지저분한 술집이 아니라 밝고 조용하고 깨끗한 카페라는 사실이 중요하다. 환하고 단정한 카페에서 그는 절대 브랜디를 쏟거나 흘리지 않는다. 단 한 방울도.

그게 바로 할아버지의 혼자만의 약속이었다. 깨끗하고 밝은 곳에서 술을 흘리지 않고 마시는 것. 그는 자신과 한 약속을 지켜냄으로써 삶의 의미를 획득하고 존엄성을 지켜냈다.

할아버지의 사소해 보이는 이 행동이야말로 어떻게 도망치는 게 잘 도망치는 것인지를 단적으로 보여준다. 우선 자기만의 공간이나 생활에서 그냥 도망쳐버리는 것으론 부족하다는 사실을 깨달아야 한다. 그러면 힘들 때마다 도망칠 테고, 매일 쫓기는 듯한 삶을 살 수밖에 없다.

앞서 그냥 도망치는 게 아니라 잘 도망치는 게 중요하고, 그러기 위해서는 나를 지킬 명분을 만드는 작업이 필요하다고 했던 말을 기억하는가? 나 자신과의 약속을 정하고 이를 지켜내는 건 바로 이런 명분을 만드는 가장 훌륭한 방법이 된다.

단순하게 설명하면 도망을 친다는 건 A라는 공간에서 B라는 공간으로 이동한다는 걸 의미한다. 그냥 도망치는 사람들은 A에서 B로, B에서 C로, C에서 D로 끝없이 도망치는 삶을 산다. 당신이 원하는 삶이 이런 모습은 아닐 것이다. 우리에게 중요한 건 A를 떠나는 행위가 아니라 B에 정착하는 행위다. 그러니 우리에겐 B에서 나를 지키기 위한 자신과의 약속이 필요하다. 이를테면 깨끗하고 환한 공간을 찾고 깨끗함을 훼손하지 않기 위해 모든 노력을 다하는 할아버지처럼 말이다. 자기와의 약속과 이를 지키려는 노력은 그 자체로 도망을 위한 최고의 명분이 된다.

간단해 보이지만 절대 쉬운 일이 아니다. 무릇 타인과의 약속보다 나와의 약속이 지키기 더 어려운 법이고, 크고 중요한 약속보다 사소해 보이는 약속이 더 쉽게 허물어진다. 하지만 이 어려운 일을 해내면 우리는 비로소 스스로를 용납하게 된다. 허무함 속에서도 살아야 하는 이유가 생기고 무엇이든 포기하지 않을 힘이 생긴다.

헤밍웨이는 "만일 우리가 여기서 승리한다면 어느 곳에서도 승리할 것이다. 이 세상은 멋진 것이며, 싸워볼 만한 가치가 있기에 나는 이 세상을 떠나기가 대단히 싫다"라고 말했다. 바로 이것이 도망을 칠 때 우리가 가져야 할 정신이다. A에서 도망칠 때는 B에서 싸워 승리하겠다는 다짐이 필요하다. 작은 전투에서의 승리가 우리의 삶을 존엄하게 만든다.

—

세상이 아니라 나 자신에게서 도망쳐야 해

언제부턴가 '존버 정신'을 말하는 사람이 많아졌다. 삭막하고 팍팍한 세상, 실제로 '존버 정신' 없는 삶은 상상하기 어려울지도 모르겠다. 상사의 갑질, 끝나지 않는 노동, 빠듯한 주머니 사정, 숨 막히는 인간관계, 매년 나빠지는 건강 등으로 점철된 삶에서 과연 버티는 힘마저 없다면 무엇이 우리 곁에 남아 있을까.

일리 있는 생각이다. 하지만 계속 그렇게 살고 싶은가? 다른 방법을 찾아보지도 않은 채 체념하고 버티기만 하면 행복한 미래가 저절로 찾아올까? 건강한 정신으로 굳건히 버티는 행위야 더할 나위 없이 훌륭하지만, 버티는 과정에서 발생하기 마련인 수치심과 분노의 감정은 여지없이 나 자신을 공격한다. 『행복론』을 쓴 프랑스 철학자 알랭은 이렇게 말한다.

자기가 쏜 화살은 모두 자기에게 되돌아온다. 자기 자신이 적이다.

자기가 쏜 화살이 모두 자기에게 되돌아오는 데는 다 이유가 있다. 화살은 정념의 은유다. 알랭은 "정념에는 항상 강렬한 후회와 공포가 동반된다"라고 지적한다. 그게 무엇이든 존버하는 초기에는 뭐든 못 할 것이 없을 듯한 신비한 기대감에 휩싸인다. 어려울 게 하나도 없어 보이고, 행운의 여신도 내 편에 서 있는 듯하다. 하지만 그런 기대감은 한낱 사소한 실망에도 무게중심이 무너진 젠가처럼 순식간에 주저앉는다. 그러다 일이 더 뜻대로 풀리지 않으면, 버티는 힘을 더 쥐어짜야 하는 상황을 마주하면, 강렬한 정념 속에서 세상을 저주하며 고통스러워한다. 내가 쏜 화살이 내 영혼을 저격한다.

우리는 정념에서 벗어날 때만, 자신이 무슨 까닭으로 이렇게 힘들게 버티며 살아왔는지 의문을 품을 수 있다. 그리고 세상이 나를 괴롭히고 있었던 게 아니라, 나를 규정하고 있던 내 생각이 나를 괴롭히고 있었다는 사실을 깨닫는다.

'내가 이런 일을 할 사람이 아닌데. 내가 이런 일 하나도 해치우지 못할 리 없어. 다들 나만 믿고 있는데 내가 해내야 해. 다 내가 필요해서 그런 거야.'

이 사실을 깨달으면 그동안 나를 버티게 한 온갖 생각들이 수

명을 다한 고름처럼 내 몸에서 빠져나간다. 버티기 위해 잔뜩 힘을 줬던 정신의 근육이 말랑말랑해지면서 몸이 가벼워지고 도망칠 용기가 생긴다.

내가 왜 자꾸 세상이 아니라 나에게서 도망쳐야 한다고 말하는지 이제 이해가 좀 될 것이다. 역설적이게도 내가 원하는 내가 되려면 나에게서 도망쳐야 한다. 세상으로부터 도망치려 하는 순간 나는 점점 더 나에게 고립된다. 불필요한 자기애, 쓸데없는 자존심, 근거 없는 열등감에 시달리며 오기로 버티는 삶을 살게 된다. 말 그대로 버틸 수는 있지만 행복해질 수는 없다. 버티며 살면서도 능력이나 재능이 출중해 자기 분야에서 성공할 수도 있겠지만 그건 상처뿐인 승리에 불과하다. 그러니 우리는 나에게서 도망쳐야 한다. 성공적으로 도망칠 수만 있다면 우리는 그야말로 무엇이든 될 수 있다.

나도 수많은 나에게서 도망치며 살았다. 슬프게도 여전히 도망치지 못한 면 또한 셀 수 없이 많다. 분명한 점은 언제나 내 삶을 풍요롭게 만든 건 도망쳐 나와 도착한 그 자리에서 시작됐다는 사실이다. 당신에게도 크건 작건 간에 비슷한 경험이 있을 것이다. 몰랐던 나를 마주하고 낯설지만 설레했던 순간들.

이를테면 나는 10년 이상 푹 빠져 있던 문학에서 빠져나와 주식과 부동산으로 도망쳤다. 나를 지배하던 온갖 언어들이 빠져나간 그 자리엔 각종 차트와 데이터가 들어왔다. 당연히 내 시선도 나의 감정이나 생각이 아니라 바깥세상에 있는 물리적인 상품들을 향했다. 과거에 머물던 초점이 미래로 맞춰지기도 했다. 판이한 두 세계를 대조하듯 서술했으나 둘 사이의 우열을 따질 생각은 털끝만큼도 없다. 나에게서 달아났기에 내 세계를 그만큼 더 확장할 수 있었다고 말하는 것이다.

이처럼 우리 삶의 새로운 가능성이 열리는 시점은 도망을 치는 순간들이다. 나를 키워주고 끌어준 상사와 안정적인 직장을 떠나 홀로 서는 도전을 해본 사람이라면 알 것이다. 실패하고 시행착오를 겪더라도 짧은 시간에 몇 배는 더 성장하게 된다는 걸 몸소 경험했을 것이다.

도망을 친다는 건 새로운 도전을 하는 것과 마찬가지 행위다. 하지만 나의 도전을 달가워하지 않는 세상은 '도망을 친다'는 프레임으로 나를 가두고, 나를 책임감 없고 비겁한 사람으로 몰아세운다. 그런 세상에서 착실하게 사회화해온 우린 굳이 버티지 않아도 되는 일에서까지 쓸데없이 버틴다.

다른 가능성은 원천 차단하고 고시 합격을 위해 청춘 대부분의 시간을 쏟으며 하루하루를 버틴다. 다른 사람에게 얕보이기 싫어서 적성에도 맞지 않는 대기업 직장을 억지로 참고 버틴다. 내가 생각하는 썩 괜찮은 내가 되기 위해 버티는 거지만, 그러는 사이 나의 세계는 계속 좁아진다. 자기가 경주마인 줄도 모르고 자기 의지라고 굳게 믿은 채 다른 누군가의 의지로 열심히 달려가는 것이다.

이제는 눈가리개를 잡아떼야 한다. 다른 누군가가 그려놓은 트랙이 아니라 내가 가고 싶은 방향으로, 한 번도 가보지 않은 곳으로 달려가야 한다. 거기에 뭐가 있을지 몰라 두려우면 지금까지 그랬듯이 열심히 트랙만 따라 달려라. 혹시 당신이 1등이라도 하면 누군가 더 좋은 먹이를 주고 부드럽게 뺨을 쓰다듬어줄지도 모르겠다.

—

다시 심장이 뛰기 시작한다

사람들은 도망치는 걸 비겁하다고 생각한다. 그러니까 비겁하다는 비난을 받는 게 두려워서 힘든 순간에도 참고 버틴다.

2011년 야구팬들은 한화이글스 김태균 선수에게 '김도망'이란 별명을 붙였다. 당시 일본 프로야구 지바롯데마린스에서 활동하던 그는 순위 경쟁이 한창인 시즌 중반에 일본 프로야구 생활을 포기하고 한국으로 돌아올 것을 선언했다. 그가 내세운 이유는 동일본 대지진으로 인한 심리적 공포와 시즌 도중에 입은 허리 부상이었다. 더 이상 일본에서 선수 생활을 할 자신이 없다는 말이었다.

야구팬들의 반응은 싸늘했다. 명분이 약한 게 문제였다. 무엇보다 시즌 도중에 도망을 쳤다는 사실이 납득받기 어려웠다. 야구팬들은 실패하고 돌아오는 건 용납할 수 있지만 비겁하게 포기하고 돌아오는 건 받아들이기 힘들다고 했다.

바로 이런 인식이 우리의 도망을 가로막는 첫 번째 장벽이다. 우리는 살면서 도망치는 사람들을 끊임없이 비난해왔고, 비겁하게 도망이나 치는 사람이 되지 않겠다고 다짐해왔다. 자신의 별명이 '도망'이 되는 걸 달가워하는 사람은 어디에도 없을 것이다.

그렇기 때문에 도망을 칠 때는 납득할 만한 명분이 필요하다. 타인의 비난을 받는 건 오히려 가벼운 일이다. 나 자신도 받아들이기 어려운 이유로 도망을 친다면 스스로를 비난하게 되고 이는 자신의 영혼에 커다란 상처를 남긴다.

김태균 선수가 내세운 명분이 스스로를 납득시켰는지는 알 수 없지만, 만약 그랬다면 그의 도망은 용기 있는 행위로 재평가받아야 한다. 그는 다른 사람의 비난에도 불구하고 스스로를 지키기 위해 용감하게 도망친 거니까. 하지만 반대로 자기 자신조차도 납득할 수 없는 이유로 그저 포기한 거라면 그의 내면은 큰 상처를 받았을 것이다.

이처럼 도망을 치는 데는 섬세한 기술이 필요하다. 똑같이 도망을 치더라도 어떤 명분을 만들고 어디로 도망치느냐에 따라, 또 도망쳐 나와 새로 도착한 장소에서 어떤 행동을 하고 성과를 만들어내느냐에 따라 완전히 다른 결과를 가져올 수 있다.

이때 명분은 타인에게 동의를 구하는 것도 중요하지만 나에게 동의를 구하는 게 우선이다. 내 명분이 진실한지 아닌지 여부는 내가 제일 잘 알고 있으므로 나를 속이는 것은 원천적으로 불가능하다.

전쟁으로 점철된 인류의 역사는 조국을 지키고자 전쟁에 참여했느냐 참여하지 않았느냐를 두고 용감한 영웅과 비겁한 소시민을 구분했다. 앞서 소개한 필립 로스의 소설 『네메시스』에서도 주인공 캔터를 가장 괴롭힌 건 2차 세계대전에 참전하지 못한 것에 따른 죄책감이었다. 김승옥의 소설 「무진기행」에서 희중의 정신을 평생 지배한 것도 6·25 전쟁에 징집되는 걸 기피하고 골방에 숨어 지낸 기억이었다.

하지만 세상은 물론 나 자신까지 납득시킬 수 있는 분명한 명분을 가진 사람은 전쟁에 나가지 않았다는 사실에도 아무런 타격을 받지 않는다. 바로 20세기 가장 중요한 소설가로 손꼽히는 제임스 조이스가 그랬다. 1차 세계대전 종료 직후, 누군가 제임스 조이스에게 세계대전 때 당신은 무얼 했느냐고 물었다. 전쟁에 나서지 않은 것을 힐난하는 민족주의자의 질문이었다.

그는 이렇게 답했다. "나는『율리시스』를 썼습니다. 당신은 무얼 했나요?" 지금까지도 여러 사람들 입에 오르내리는 유명한 문답이다. 더블린에 있는 제임스조이스박물관 한쪽 벽면에 쓰여 있는 이 질문과 대답은 관람객들의 마음을 순식간에 흔들어놓는다. 전쟁에 참여하는 것보다, 심지어 전쟁에서 이기는 것보다 더 중요한 일을 해냈다는 게 제임스 조이스가 내세운 명분이었다. 그의 대답에 고개를 끄덕이지 않는 사람은 없었다.

이처럼 진짜 명분은 단순히 도망을 친 그럴듯한 이유를 말하는 데서 그치지 않는다. 도망을 쳐 나온 장소인 A가 아닌, B라는 새로운 장소에서 실제로 무슨 일을 했는지가 명분의 진정성 확보에 절대적인 영향을 미친다. 제임스 조이스에겐 그게 있었고 그렇기 때문에 전쟁에 참여한 그 어떤 사람들보다 영웅적일 수 있었다.

바로 이것이 우리가 도망칠 때 지녀야 할 태도다. 이렇게 도망을 칠 때만 우리는 육체적으로도 정신적으로도 스스로를 지킬 수 있다.

도망을 쉽게 생각했다면 오산이다. 방어술에 불과한 것도 아니고 아무나 도망칠 수 있는 것도 아니다. 도망을 치기 위해선 큰 용기가 필요하고, 잘 도망치려면 섬세한 기술까지 필요하다.

어떤 명분을 갖고 어떤 행동을 하느냐에 따라 도망을 치는 것 자체가 위대하고 영웅적인 일이 될 수도 있다.

지금 어떤 문제에 빠져 있거나 버티는 데 한계가 오고 있음을 느낀다면, 이런 상황을 고민하는 과정만으로도 우리는 한 단계 더 성장한다. 자신이 현재 어떤 중요하지 않은 일에 매달리고 있는지 알아차리게 되고, 그것에서 벗어나 어떤 중요한 일을 해야 하는지 깨닫게 된다.

상사 입맛에 맞는 점심 메뉴를 고르는 에너지를 부모님에게 안부 전화를 한 통이라도 더 하는 데 쓰게 된다. 그래도 세상은 무너지지 않는다. 잘만 돌아간다. 처음이 어렵지 그다음부터는 좀 더 대담하게 도망쳐서 내가 진정으로 하고 싶은 일에 도전할 수 있게 된다. 이런 과정을 반복하면 탄탄한 도망 근육이 생기고 근육이 생기면 두려움이 사라진다. 50년 동안 글을 써온 필립 로스가 갑자기 절필 선언을 했을 때 그에게 두려움이 있을 리 없었던 것처럼 말이다.

도망의 성패는

어디에서 도망치느냐가 아니라

어디로 도망치느냐에 달려 있다

2장

인간의 최대 무기,
의지력 사용 설명서

어느 방향이 옳은 방향인지 가늠할 수 없더라도
우리는 강한 의지를 갖고 한 방향으로 빠져나와야 한다.
그러면 틀린 방향이라는 걸 확인하더라도
거기서부터 다시 시작할 수 있다.

—

당신의 엔진은 무엇인가

앞서 우리는 포기와 도망의 차이를 명확히 구분했다. 포기가 있
는 자리에서 죽기를 기다리는 행위라면, 도망은 살기 위해 어느
한쪽으로 전력 질주하는 행위다. 버티고 싸워나가는 게 앞으로
달려가는 거라면, 도망치는 건 뒤로 달려가는 것이다. 방향만 다
를 뿐 에너지는 똑같이 든다.

　이쪽이나 저쪽이나 에너지를 어떻게 쓰는지에 따라 결과는
얼마든지 달라진다는 소리다. 엔진의 성능을 좌우하는 건 무엇
일까? 의지다. 한계는 인간이기에 가질 수밖에 없는 숙명이지만,
적어도 의지만큼은 우리에게 무언가를 더 해볼 수 있게 하는 여
지를 만들어준다.

　굳센 의지 하나면 이루지 못할 게 없다는 소리나 하려는 게 아
니다. 성공하든 실패하든 의지만 있으면 일단 뭐든 선택할 수 있
고 시도해볼 수 있다는 얘기다. 그리고 이 의지는 우리의 이해력

이 한계를 드러낼 때 더욱 강한 힘을 발휘한다.

인간이 느끼는 두려움의 대부분은 그 대상을 잘 이해하지 못하는 데서 온다. 처음 가보는 장소, 처음 만나는 사람, 처음 먹어보는 음식 앞에서 우리의 몸과 마음은 저절로 긴장한다. 우리가 매일 맞닥뜨리는 가장 큰 한계가 바로 이런 이해력이다. 우리는 대부분의 일에 충분한 근거를 갖지 못하고, 한정된 근거를 토대로 매 순간 위험천만한 판단을 하며 살아간다.

그 결과 버티지도, 포기하지도, 도망치지도 못하는 애매한 순간들로 하루하루가 가득 채워진다. 그저 두려움을 관리하는 수준에서 남들이 하는 대로 따라 하며 적당히 처신한다. 데카르트는 그런 이해력의 한계를 누구보다 깊게 고민한 철학자다. "나는 생각한다. 고로 존재한다"라는 말도 자신의 이해력을 끊임없이 의심했기에 나온 것이다. 그는 자신이 이해할 수 있는 건 '의심하는 나'가 존재한다는 사실에 불과함을 받아들였다.

우리가 도망치는 걸 어려워하고 두려워하는 이유도 바로 여기에 있다. 가만히 서서 버티는 게 나을지, 여기에서 벗어나는 게 나을지 우리의 제한적인 이해력으로는 판단이 잘 서지 않는다. 그러니 도망을 치더라도 잔뜩 겁에 질린다.

이해력의 한계를 전적으로 받아들인 데카르트는 이를 극복할 도구로 의지력을 제시한다. 이해력과 달리 의지력은 마음먹기에 달렸기 때문이다. 데카르트는 이렇게 말한다.

의지력은 인간이 가질 수 있는 가장 완전하고 거대한 것이다. 의
지만큼은 신의 능력과도 같다.

이것을 단순히 '하면 된다'라거나 '바라는 대로 이루어진다'라
고 말하는 흔한 자기계발서의 주술적 메시지로 읽어선 안 된다.
데카르트가 말하는 의지는 잘못된 선택을 각오한 의지다. 100미
터를 반대 방향으로 전력 질주하더라도 끝까지 밀어붙이라는 얘
기다.

그는 매번 선택의 갈림길에 선 우리를 숲에서 길을 잃은 사람
에 비유한다. 숲에서 길을 잃었을 때 가장 위험한 건 갈피를 잡
지 못하고 이리 갔다 저리 갔다 하는 것이다. 어느 방향이 옳은
방향인지 가늠할 수 없더라도 우리는 강한 의지를 갖고 한 방향
으로 빠져나와야 한다. 그러면 틀린 방향이라는 걸 확인하더라
도 거기서부터 다시 시작할 수 있다.

대학 졸업 후 내가 처음으로 입사한 회사는 어린이 전집을 만
드는 교육 회사이자 출판사였다. 출판사다운 자유롭고 크리에이
티브한 분위기를 상상했지만 그 회사의 조직 문화는 군대에서
겪은 바와 별반 다르지 않았다. 넥타이까지 제대로 갖추어 맨 칼

정장은 기본이었고 내 자리를 벗어나면 사무실에서 슬리퍼를 신어도 안 되었으며 심지어 여자는 공개적인 장소에서 담배를 피울 수 없었다. 출근 시간이 9시인데 8시 30분이면 어디냐고 전화가 왔고, 신입 사원 연수를 갔을 때는 흐뭇한 미소를 띤 채 앞자리를 차지하고 앉은 팀장들과 임원들 앞에서 장기 자랑을 해야 했다.

입사한 지 석 달도 채 지나지 않아 여긴 내가 있을 곳이 아니라는 판단이 섰다. 틈만 나면 어디로 도망을 칠지 안테나를 세웠다. 그러다 예전부터 눈여겨본 성인 단행본 출판사에 입사할 기회가 생겼다. 그동안 출간한 책 리스트도 마음에 들었고, 조직 문화도 훨씬 자유로워 보였다. 하지만 연봉은 더 적은 듯했고 고용 안정성도 떨어지는 것 같았다. 조직 문화도 직접 경험하지 않고서야 정확히 알 수 없는 부분이었다. 일주일 이상 고민하는 내내 백번도 더 마음이 바뀌었다. 나에겐 판단 근거가 부족했다. 내가 새로 옮기려 하는 곳이 지금 몸담은 곳보다 더 나으리라고 누구도 보장해줄 수 없었다.

길을 잃고 헤매던 나를 구해준 건 서점에서 우연히 만난 데카르트였다. 깊은 숲에서 길을 잃어 이러지도 저러지도 못하고 있는 사람이 바로 나였다. 어차피 나의 제한된 이해력으로 최선의 선택을 하기는 불가능했다. 내게 필요한 건 최선의 선택이 아니라 어느 한 방향으로 도망칠 의지였다. 그 사실을 깨닫자 두려움이 사라졌다. 잘못 도망쳐 나온 거라면, 그 지점을 기준으로 다시 도망치면 그만이었다. 그렇게 생각이 흐르자 결심이 쉬워졌다. 나는 데카르트의 도움으로 어렵게 들어간 첫 직장을 3개월 만에 그만뒀다.

운이 좋았던 건지 나의 도망은 성공적이었다. 내가 이만큼이나마 밥벌이를 하게 이끌어준 존경하는 사수를 만났고, 내가 잘하는 일을 마음껏 할 수 있는 환경이 주어졌으며, 무엇보다 자유롭고 편한 분위기 속에서 좋은 동료들과 즐겁게 일하는 호사를 누렸다. 내가 성과를 만들고 성장하면 자연스레 보상이 따라온다는 사실도, 그것을 기반으로 다른 좋은 기회가 찾아온다는 사실도 경험으로 배웠다.

첫 직장 상사는 나를 힘든 일을 견디지 못하는 비겁하고 나약한 도망자라고 비난했지만, 나름 인생을 건 나의 첫 도망은 그 어떤 행위보다 용감했고, 그 결과 내가 좋아하는 나로 사는 데 성큼 가까워질 수 있었다. 데카르트가 내 의지력의 완전함과 거대함을 일깨워주지 않았다면 아마 나는 훨씬 더 오랜 시간 동안 숲에서 길을 잃고 깜깜한 어둠 속을 헤매고 다녔을 것이다.

이 경험 덕분에 내겐 좀 더 내 삶을 주도적으로 이끌 자신감이 생겼다. 내가 마음만 먹으면 도망칠 수 있는 강한 사람이란 걸 깨닫자 업무를 할 때도 더 적극적으로 내 의견을 표현할 힘이 생겼다. 상황 판단이 어려운 순간에도 예전처럼 두려움이 크지 않았다. 어느 한 방향으로 끝까지 도망칠 의지만 있다면 어떤 어려움이 닥쳐도 이겨낼 수 있을 것 같았다.

우유부단함 때문에 어디로도 발을 떼지 못하고 있다면 당신은 무엇이라도 선택해야 한다. 돈키호테나 포레스트 검프처럼 어느 한 방향으로 질주하라는 말이다. 누구도 언제나 옳은 선택만 하며 살 수는 없다. 잘못된 선택이 상황을 더 악화하기도 한다. 하지만 가만히 있으면 더욱더 깊은 늪 속으로 빠질 뿐이다. 진짜 두려워해야 할 건 잘못된 선택이 아니라 자꾸 선택을 미루려고 하는 나 자신이다.

—

도망쳐서 살아남겠다는 강한 의지

소설이든 영화든 대중성을 지향하는 작품일수록 주인공들의 의지력이 강하다. 그래야 스토리를 끌고 갈 강한 힘이 생겨 사람들을 계속 이야기 속에 붙잡아 둘 수 있기 때문이다. 다시 말하면 우리의 삶을 재미있게 만들고 우리의 이야기를 계속 이어지고 싶게 만드는 것 역시 우리의 의지다.

이사카 고타로의 소설『골든 슬럼버』의 주인공인 아오야기 마사하루는 졸지에 일본 총리를 죽인 암살범으로 몰린다. 거대한 음모가 그를 희생자로 만들었고 온 세상이 그를 추격한다. 아오야기의 목적은 단 하나다. 도망쳐서 살아남는 것. 단순하기 그지없는 플롯이지만 독자는 이야기에서 눈을 떼지 못한다. 그리고 간절하게 그의 도망을 응원하게 된다. 누가 무슨 목적으로 이런 일을 꾸몄는지, 살아남으려면 어떻게 해야 하는지 아오야기는 아무것도 이해하지 못한다. 남은 건 의지뿐인데, 바로 그 강한 의지 때문에 독자들은 그를 응원하게 된다.

평범한 사람이 국가의 수장을 죽였다는 누명을 쓸 일이 얼마나 흔하겠냐마는 결백함을 밝히는 과정에서 아오야기가 보여주는 판단과 의지와 행동은 평범한 일상을 사는 우리에게 제법 중요한 메시지를 던진다. 그동안 우리가 받은 모든 교육은 이해력을 높이기 위해 이뤄진 것이었다. '생각을 좀 하고 움직여라.' '머리는 폼으로 달고 다니냐.' '무식하면 손발이 고생한다'처럼 잘못된 판단을 꾸짖는 말들도 하나같이 이해력을 들먹인다.

하지만 인생은 실전이다. 세상은 우리에게 상황을 충분히 숙지하고 이해할 시간적 여유를 허락하지 않는다. 이성보다는 감각이나 본능에 의지해 판단해야 할 때가 많고, 그래서 자기계발서는 하나같이 경험과 습관을 강조한다. 감각이나 본능의 수준을 끌어 올리기 위해서는 폭넓은 경험과 체화한 습관이 필수이기 때문이다.

　문제는 경험이나 습관의 힘이 닿지 못한 예외적인 일이 발생했을 때다. 누구나 한 번 사는 인생, 진짜 중요한 결정은 처음 해보는 경우가 많다. 나보다 경험이 많고 지혜로운 사람들에게 조언을 구해보기도 하지만 결국 모든 선택은 내 몫이다. 게다가 실제로는 그렇게 물어보고 심사숙고해볼 시간조차 제대로 주어지지 않는다.

　우리가 선택을 어려워하는 이유는 단순하다. 어떤 선택이든 리스크가 따르기 때문이다. 인간은 리스크를 피하는 방식으로 진화해왔고 그런 까닭에 작은 선택 앞에서도 불안을 느낀다. 그 불안이 인간을 신중하게 만들고 최악의 선택을 하지 않도록 돕는다. 있던 대로 그냥 있길 바라는 관성의 법칙은 힘이 세다. 정말 큰일이 벌어지지 않고서야 우리는 굳이 뭘 바꾸려고 하지 않는다. 의지는 저절로 생겨나는 게 아니다.

　그렇다면 무엇이 우리를 의지적으로 만드는 걸까. 『골든 슬럼버』의 아오야기에게서 봤듯 가장 강력한 힘은 살아남겠다는 생존 본능이다. 이러다가 죽을지도 모른다는 각성이 우리를 관성에서 벗어나 반대 방향으로 달려가도록 돕는다. 위기를 위기로 받아들이는 예민한 감각이 도망에 필요한 강력한 엔진인 의지력에 불을 붙인다.

　물론 아무리 감각이 발달하고 도망칠 용기가 충만해도 결코 도망을 치는 게 불가능한 상황도 존재한다. 이를테면 인생 최대 위기에 봉착하는 셈인데 이 시기를 슬기롭게 보내야 한다. 이런 시기일수록 의지를 잘 사용해야 하지만 절대 말처럼 쉽지 않다. 나 역시 이런 상황에서 잘못된 행동을 했다. 너무 어렸다는 변명으로는 어떻게 해도 나 자신을 용납할 수 없는 일이 벌어졌던 그 순간, 기억에서 지우고 싶은 그때로 잠깐 돌아가 봐야겠다.

—

도망치지 못해 지옥에 빠진 남자

비교적 평화롭고 순탄한 인생이었지만 내게도 트라우마가 될 만큼 끔찍한 시기가 있었다. 2년간의 군 생활이 그것이다. 숱한 구타와 욕설에 시달렸고 모욕적인 비난의 말을 견뎌내야 했다. 평소의 나라면 용감하게 도망쳤을지도 모르지만, 군대에서는 말도 안 되는 일이었다. 시간이 그렇게 느린 건지 그때 처음 알았다. 교통사고라도 나서 병원에 입원하고 싶은 마음이 간절했지만, 막상 달리는 차에 뛰어들 용기는 없었다. 선택의 여지가 없는 공간이었기에 나는 하루하루 버티는 데 급급했고 연거푸 잘못된 선택을 하며 나를 구렁텅이로 내몰았다.

　도망치지 못한 나는 대신 폭력의 세계 한복판으로 들어갔다. 어쩔 수 없이 내몰린 것으로, 선택의 여지가 없었던 것으로, 내가 철저히 피해자인 것으로 거짓 명분을 만들었지만, 지금 생각해 보면 모든 건 내 선택이고 내 판단이었다. 나는 나를 괴롭힌 선임들처럼 후임들을 괴롭혔다. 처음이 힘들고 어색했지, 조금 시간이 흐르자 나는 원래 그런 사람이었던 양 폭주했다. 소름 끼치게도 그때부터 군 생활이 견딜 만해졌다. 처음으로 시스템에 좀 적응이 되는 것 같았다. 일주일쯤 광기 어린 시기를 보내던 내게 평소 형처럼 따랐던 한 선임이 말했다.

　"그들 인생에 아무 의미도 없는 네가 뭐라고 그따위 짓을 하는 거지?"

　그 말이 악의 구렁텅이에서 나를 구했다. 나는 뒤통수를 한 대 얻어맞은 듯 얼어버렸고 한마디 변명의 말도 찾지 못했다. 나는 어느새 내가 증오했던 괴물의 모습을 하고 있었다. 크게 각성한 나는 그 후론 십 원짜리 욕 하나 내뱉지 않았다. 한나 아렌트가 말한 '악의 평범성'이 내 안에 실재함을 확인했고, 조금만 방심하거나 극한 상황에 몰리면 나도 얼마든지 괴물이 될 수 있음을 깨달았다.

　끔찍한 경험이었고 당연히 안 겪었으면 더 좋았을 테지만 그래도 이를 통해 얻은 것도 있다. 무엇보다 조금 더 겸허해졌다. 나 자신을 제법 윤리적인 사람이라고 믿어왔는데, 자만이자 착각이었다. 그동안은 그저 운이 좋아서 시험대 위에 오르지 않았을 뿐이었다. 나는 언제든 상황에 따라 충분히 악해질 수 있었다. 염세도, 자조도 아니다. 객관적인 판단이자 나 자신을 끊임없이 점검하게 하는 중요한 계기다. 이때의 경험이 일종의 윤리적 브레이크 역할을 해주는 것이다.

나는 전역 후 일주일 만에 아일랜드 더블린으로 어학연수를 떠났다. 첫째, 조국이란 이름으로 내 영혼에 상처를 입힌 한국에서 한시라도 더 빨리 벗어나고 싶었고, 둘째, 앞서 소개한 제임스 조이스의 기운을 받고 싶었다. 제임스 조이스에게 도망의 기술을 배우기 위해 더블린으로 도망을 친 셈이었다. 나름 살아남고자 몸부림친 나의 강한 의지가 시킨 일이었다.

더블린에서의 8개월은 나를 치유하기에 충분한 시간이었다. 자유를 만끽하며 신나게 놀았고, 낯선 이들과 두려움 없이 관계를 맺으며 어울려 살았다. 틈만 나면 『율리시스』의 시작점인 샌디코브해안을 걸었고, 템플바 같은 펍에서 아일랜드 밴드 U2의 명곡 〈With or Without You〉 떼창에 합류했다. 기네스 생맥주를 마시며 한국에서는 한 번도 춰보지 않은 춤을 추기도 했다. 나에게서 가능한 한 멀리 도망쳐, 나를 모르는 사람들 틈에서 완전히 다른 나로 살았다. 낯선 세계에서 나조차 몰랐던 나를 발견한다는 건 언제든지 새로운 정체성으로 살 수 있겠다는 자신감으로 이어진다. 내가 좋아하는 나로 사는 시간을 더 많이 확보할 수 있겠다는 희망을 품게 되는 것이다.

버티면 된다는 믿음이나 시간이 해결해주리라는 믿음은 환상이다. 그런 식으로 적당히 타협해서 넘어가면 정말 없던 일이 되는 걸까. 인간은 위대한 망각의 동물이니까 내게 불리한 건 저절로 잊고 살기 마련일까.

그게 사실이 아니라는 증거는 차고 넘치게 많다. 제대로 도망치지 않으면, 내가 그랬듯이 뒤늦게라도 도망치지 않으면 더는 손쓸 수 없는 지경에 이르고 만다. 버티면 버틸수록, 시간이 흐르면 흐를수록 상처는 더욱 커져서 결국 감당할 수 없게 된다. 그러니 당신에게도 해결되지 않은 문제나 미처 털어내지 못한 어두운 과거가 있다면 어떻게든 꼭 도망치는 의식을 치르기를 바란다.

—

당신의 기억을 점검하라

내 삶에서 가장 끔찍했던 시절을 굳이 떠올린 것은 한 소설 때문이다. 기억으로부터 도망친 한 노인이 뒤늦게 자신이 젊은 시절 저지른 행동과 그 행동이 가져온 결과를 알게 되면서 평온했던 삶이 커다란 혼돈에 빠지게 되는 이야기다. 줄리언 반스의 소설 『예감은 틀리지 않는다』이다.

연인이자 첫사랑인 베로니카와 학창 시절 자신의 절친이었던 에이드리언이 서로 사귀기 시작했다는 걸 안 토니는 눈이 뒤집혀 그들을 저주하는 편지를 썼다. 토니에게 편지는 그저 자신의 한을 푸는 악담에 지나지 않았고 그래서 금방 잊고 살 수 있었지만, 베로니카와 에이드리언에게 그 편지는 저주의 시작이자 예언이었다.

과연 누가 토니를 악한 인물이라고 비난하겠는가. 애인이 베프랑 눈이 맞았다는데 당신이라면 순순히 그 사실을 받아들이고 그들의 사랑에 손뼉을 쳐주겠는가. 하지만 그의 의도와는 달리 결과는 참혹했다. 에이드리언은 자살로 생을 마감하고 베로니카는 도저히 믿을 수 없는 불행한 사건에 휘말리며 평생을 고통받았다. 토니가 받은 충격과 죄책감은 몇 마디 말로 표현할 수 있는 게 아니었다. 모든 게 자기가 쓴 편지 때문이라는 생각은 비약에 불과했지만 그렇다고 죄책감이 덜어지는 건 아니었다.

이 소설이 맨부커상의 주인공이 되고 전 세계 수많은 독자에게 읽힌 까닭은 우리의 삶과 기억을 점검하는 계기가 되어주기 때문이다. 나도 읽으면서 내 기억을 하나하나 점검해보았다. 군대 시절에 저지른 내 악행이 떠오른 것도 그 때문이다.

비록 시간이 아주 많이 흘러 노년에 이른 뒤였을지라도 토니는 마지막 기회를 놓치지 않았다. 베로니카의 어머니가 세상을 떠나며 뜬금없이 토니에게 일기장 하나를 유산으로 남긴 것이 그 시작이었다. 더 이상한 건 베로니카가 토니에게 일기장을 넘겨주길 거부했다는 사실이다. 토니는 아무것도 이해할 수 없었지만 그저 의미 없는 지나간 일로 치부하지는 않았다. 그는 진실을 알기 위해 베로니카에게 다가갔다. 숨겨진 사실이 하나씩 드러날 때도 피하지 않고 그것과 마주했고 자신의 잘못을 뉘우치며 용서를 구했다.

크건 작건 우리는 사는 내내 잘못을 저지른다. 그중에는 우리 인생을 뒤흔들 만한 중대한 잘못도 있다. 문제는 그 이후에 우리가 선택할 시나리오다. 잘못을 덮기 위해 더 큰 잘못을 저지를 수도 있고, 끝내 외면할 수도 있고, 늦었지만 바로잡으려고 노력할 수도 있다. 범죄 행위에 국한한 얘기가 아니다. 사랑하는 사람을 배신하고 가까운 친구에게 상처를 주는 행위도 모두 마찬가지다. 어떠한 일이든 온전히 이해할 수 있는 경우는 드물다. 하지만 우리는 자신이 모든 걸 잘 알고 있다고 오해하고 잘못된 판단을 내리고는 자신에게 불리한 정보는 모두 차단한다. 그래야 계속 편하게 살아갈 수 있으니까. 나이가 들수록 남의 말을 잘 안 듣고 꼬장꼬장해지는 것도 다 그런 탓이다. 나는 내가 제일 잘 안다는 오만이 우리의 눈과 귀를 가린다.

세상과 진실에서 멀리 떨어져 나라는 성에 틀어박히면 당장은 안전하다는 착각에 빠진다. 하지만 한번 지어진 장벽은 쉽게 허물어지지 않으며, 그로 인해 크고 작은 문제가 발생해 여러 관계를 삐걱거리게 만든다. 토니가 전처와 딸과의 관계에서 어려움을 겪었던 것도 자기의 머릿속만을 맴돌았기 때문이다.

나라는 견고한 성에서 빠져나와 반대 방향으로 도망치기 위해서는 생각보다 강한 의지가 필요하다. 앞서 생존 본능이 의지를 만들어낸다고 말했지만, 그것만큼이나 약효가 있는 것이 호기심이다. 토니 역시 호기심 때문에 그동안의 관성에서 벗어나 진실에 다가가는 의지력을 발휘했다.

호기심이 없는 삶은 죽은 삶이다. 어디에도 호기심을 가질 만한 여유가 없다거나 내가 확보한 알량한 영역을 지키기 위해 잔뜩 움츠러져 있다면 삶을 빛나게 만드는 생기는 사라진다. 호기심이 없으면 행동도 없고 변화도 없다. 당연히 어떠한 일에도 의지를 가질 수 없으며 그만큼 행복에서도 멀어진다.

호기심을 가지려면 모든 편견과 선입견에서 벗어나야 한다. 뭐든 온전히 받아들이는 유연함이 호기심의 원천이다. 즉, 데카르트가 그랬듯이 내 이해력의 한계를 받아들이고 내가 알고 있는 모든 것을 의심하고 점검해야 한다. 그의 말처럼 의심하는 나자신을 의식할 때 비로소 나는 존재할 수 있다.

의심하는 철학자 데카르트의 회의는 우리가 흔히 말하는 회의주의와는 거리가 멀다. 회의주의의 시초라고 할 수 있는 고대 그리스 철학자 피론은 진리 자체를 의심하는 '결론적 회의주의자'였다. 어차피 인간의 감각기관으로 진리에 도달할 수 없으니 판단을 중지하겠다는 게 피론이 내린 판단이었다. 하지만 데카르트의 회의는 진리에 도달하기 위한 수단으로 더 철저하고 정확하게 판단하기 위해 사용된다. 그래서 데카르트의 회의를 '방법적 회의'라고 부른다.

호기심을 쓸모없는 것으로, 심지어 병으로 치부한 회의주의자들과 달리 데카르트는 호기심을 갖고 놀라움을 의지적으로 찾는 사람만이 현명해질 수 있고 기억력을 활성화할 수 있다고 말한다. 노년의 토니가 보여준 행동이 이를 증명한다. 평생 아무것도 모르고 편하게 산 그였지만, 호기심을 갖고 놀라움을 의지적으로 찾았기에 잊고 있던 사실을 다시 떠올리고 전과는 다른 삶을 살게 되었다.

잊고 싶은 기억은 영원히 잊고 사는 게 낫다고 생각할지도 모르겠다. 괜한 호기심이 삶의 균형을 무너뜨리고 우리를 절망으로 몰아넣을 수도 있다. 우리를 노리는 포식자들은 호기심을 미끼로 내세워 나약해진 우리를 단번에 잡아먹으려고 들지도 모른다. 하지만 기억으로부터 도망친 기간이 길어질수록 마침내 그 기억이 떠올랐을 때 우리가 받을 충격은 훨씬 더 커질 것이다. 『예감은 틀리지 않는다』를 읽고 내가 느낀 감정이 바로 그것이었다. 너무 늦기 전에 읽어서 다행이라고, 지금이라도 내 기억을 점검할 수 있어 정말 다행이라고.

—

의지 충만 낙천주의자의 행복

철학자 알랭은 염세주의는 기분에서 오고 낙천주의는 의지에서 온다고 말했다. 위대한 통찰이다. 의지는 우리 행동의 엔진으로 우리 감각기관이 저지르는 오류를 잡아내 무엇이 옳고 무엇이 그른지 알려준다. 의지에서 비롯한 행동이 없으면 인간은 결코 행복해질 수 없다.

　오래되어 말라비틀어진 떡볶이를 보고 왠지 시들어버린 내 인생 같은 '기분'이 든다면 우리는 염세적이 된다. 반면 다시 물을 넣고 채소와 양념을 추가해 떡볶이를 데울 '의지'를 발휘한다면 우리는 다시 새로운 맛의 떡볶이를 맛보게 된다. 그런 소소한 낙천주의가 일상 구석구석에 스며들 때 우리 인생은 더 행복해진다.

물론 결과론적이긴 하다. 강한 의지로 무언가에 도전하더라도 결과가 좋지 않다면 낙천주의는 힘을 잃는다. 모든 문제를 의지 탓으로 간단히 돌려버리는 오류를 범하기도 한다. 이런 이유 때문에 알랭도 의지는 그 성격상 결국 패배와 연결되는 관념이라고 말했다. 의지는 의도나 실제 행동과는 상관없이 결과로 판단되는 경우가 많기 때문이다.

우리는 실패나 패배의 원인을 의지 부족의 탓으로 곧잘 돌린다. 2018 러시아 월드컵에서 한국 축구 국가대표팀이 스웨덴전과 멕시코전에서 패배했을 때도 소극적인 경기 운영이 도마 위에 올랐다. 공격할 의지, 나아가 이길 의지가 보이지 않았다는 것이 비판의 핵심이었다.

수험생이 입시에 실패하거나 영업자가 판매에 실패하는 것역시 곧잘 의지 문제로 치부된다. 나 역시 팀장으로 일할 때 대표님으로부터 "의지가 없다"라고 비난받은 적이 있는데, 그때 처음이자 마지막으로 대표님께 반항하며 화를 냈다. 내가 판단하기에 내게 부족했던 건 의지가 아니라 경험과 요령이었다. 실제어떤 결과에 영향을 미치는 요인은 한둘이 아닌 데도, 이렇게 의지 하나 때문인 것으로 몰면 모든 게 간단해진다. 문제 해결 방법도 쉬워 보인다. 의지력만 더 강화하면 모든 것을 해결할 수 있을 것 같다.

하지만 의지는 어떤 결과를 초래한 원인의 일부일 뿐 전부는 아니다. 의지 없이는 행동도, 성공도, 행복도 없지만, 의지를 발휘한다고 무조건 성공하고 행복해지는 것도 아니다. 다시 말해 의지는 행복의 전제 조건이지만 행복을 보장하지는 않는다. 결과가 좋지 않다고 무조건 의지를 탓해서는 안 된다.

많은 사람이 의지는 도망치는 게 아니라 버티는 데 필요한 힘이라고 착각한다. 그러나 아이러니하게도 의지를 버티는 데만 사용하면 행복에서 더 멀어질 뿐이다. 말라비틀어진 떡볶이 얘기로 돌아가 보자. 의지를 버티는 데만 사용한다는 건 말라비틀어진 떡볶이를 억지로 참고 그대로 먹으려고 노력하는 행위에 가깝다. 물론 노력은 숭고하며 떡볶이가 아닌 다른 예시를 들면 때에 따라 영웅적일 수도 있겠으나, 행복으로부터는 그만큼 더 멀어진다. 그렇게 의지를 잘못 사용한 사람들은 되지도 않는 고집을 부리며 평생을 살아간다. 비운의 주인공이라도 된 듯이, 그런 자기 배역에 만족이라도 하는 듯이.

버티는 데 낭비하는 의지는 우리의 행복을 가로막는다. 당신이 지키려고 버티는 그 직장이 당신을 공격하고, 당신이 헤어지지 않으려고 버티는 그 연인 관계가 당신의 영혼을 갉아먹는다.

신이 인간에게 준 최고의 무기, 그러니까 유일하게 신만큼이나 무한하게 활용할 수 있는 의지를 오로지 버티는 데만 쓰느라 행복과 멀어지는 삶을 산다면 너무나 아쉬운 일이 아닐까.

'의지→행동→낙천→행복'으로 이어지는 연결 고리를 기억하자. 그리고 '행동'에는 도망이라는 선택지도 있음을 잊지 말자. 현재 당신에게 해결하지 못한 문제가 있다면, 어떤 선택을 해야 할지 너무 고민이 된다면, 먼저 당신의 의지부터 점검하자. 한계를 모르는 당신의 의지가 당신을 생전 발 디딘 적 없는 장소로 옮겨놓을 것이다.

망한 인생도 복구 가능합니다

3장

상상력이 도망치는
우리를 구원해줄까?

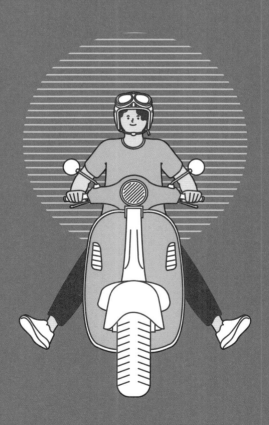

우리가 도망치는 것을 두려워하게 하는 것도 상상력이고,
잘못 이해한 것을 실제라고 믿게 만드는 것도 상상력이며,
어떤 길에 잘못 들어섰음을 깨닫게 하고
새로운 길을 제시하는 것도 상상력이다.

―

함부로 사용하면 위험한 상상력

이해력이 부족한 인간을 돕는 건 의지력 말고도 또 있다. 의지력 만큼이나 강하지만 훨씬 다루기 위험하고 까다로운 것, 바로 상상력이다.

현대사회에서 상상력은 별 이견 없이 미덕으로 여겨진다. 마음껏 상상하고 이를 실현함으로써 과학기술이 이만큼이나 발전했고 우리가 즐기는 각종 예술과 문화도 상상력을 기반으로 창조됐기 때문이다.

하지만 상상력을 긍정적으로 바라보기 시작한 건 최근의 일이다. 의지력을 특별히 강조한 데카르트만 해도 "상상력을 사용하는 고찰은 하루에 아주 잠시 동안만 하라고" 강하게 경계했고 그 역할을 인정할 때도 지극히 보조적인 수준으로 제한했다. 데카르트에게 큰 영향을 받은 알랭은 "상상력은 옛 중국의 사형집행인보다도 참혹하다. 그것이 공포를 조합한다"라는 말까지 남졌다.

세상 그 어떤 것에도 겁내지 않던 아이도 세 돌이 지나면 무서운 게 많이 생기는데 그것도 다 이 시기부터 상상력이 발달하기 때문이다. 많은 사람이 도망치는 것을 두려워하는 까닭도 상상력 때문이다. 익숙한 회사를 떠나 다른 회사로 옮겼을 때 혹은 창업을 했을 때 벌어질 최악의 상황을 자신도 모르게 상상하는 것이다.

때로 상상력은 그저 두려움을 만드는 데 그치지 않고 삶을 망가뜨릴 정도로 파괴적인 힘을 발휘하기도 한다. 이언 매큐언이 쓴 『속죄』의 주인공 브리오니가 그랬듯이 말이다.

어느 날 브리오니에게 도대체 이해가 되지 않는 상황이 벌어진다. 어두운 밤 대저택의 정원 한구석에서 그녀의 사촌 언니인 롤라가 강간을 당하는 사건이다. 브리오니는 누가, 왜 그런 짓을 했는지 이해할 수 없다. 한편 그녀는 어린 나이에도 희곡을 써 연극 무대를 꾸밀 정도로 상상력이 풍부한 아이다. 게다가 그날 아침부터 가정부의 아들인 로비가 자신의 언니인 세실리아를 희롱하는 듯한 장면을 세 번이나 본 참이었다.

로비가 언니에게 쓴 편지나 분수대 앞과 서재 안에서 목격한 일들이 불붙은 그녀의 상상력에 부채질을 한다. 연인 관계가 되어버린 것 같은 둘 사이에 질투심을 느꼈고 그게 그녀의 눈을 가리기도 했다. 결국 브리오니의 상상 속에서 우리의 죄 없는 로비는 강간범이 되어버린다. 그녀는 모든 가족과 경찰 앞에서 자신이 목격자라고 나선다. 그녀의 상상력 때문에 로비는 교도소에 갇혔다가 전쟁터로 내몰리고 사랑하는 두 연인은 떨어져 지내게 된다.

시간이 흐른 후 브리오니는 자신이 커다란 실수를 저질렀음을 깨닫는다. 하지만 자신이 왜 로비를 강간범으로 몰아가는 증언을 했는지 스스로를 이해할 수 없다. 브리오니는 속죄하는 마음으로 편안한 일상을 포기하고 간호사가 되어 전쟁의 소용돌이에 뛰어든다. 의지력이 무한히 확장하는 시점이다. 전쟁터에서 그녀는 로비가 겪었을 끔찍한 일들을 간접적으로 경험한다.

이후 그녀는 용기를 내 가족과 인연을 끊고 혼자 살아가는 세실리아 언니를 찾아간다. 그리고 그곳에서 로비를 만난다. 로비와 세실리아의 사랑은 다시 이루어져 있었고 브리오니는 안도하며 그들에게 자신이 지은 죄에 대해 용서를 구한다. 자기 자신조차 이해하지 못하는 어리석은 존재지만, 터무니없는 상상력으로 돌이킬 수 없는 잘못을 저질렀지만, 브리오니는 강한 의지력으로 속죄하는 데만큼은 성공한다.

상상력이 모두를 파멸케 했다면 의지력은 그들을 구원했다. 역시 데카르트의 설명처럼 상상력은 오류의 근원이고 우리가 끝까지 붙잡아야 하는 건 의지력뿐인 걸까.

꼭 그렇지만은 않다. 『속죄』의 마지막 4부는 인간의 상상력에 역습할 기회를 준다. 사실 독자가 3부까지 읽은 건 소설가가 된 브리오니가 자신의 은퇴작으로 쓴 소설 작품이었다. 실제로는 로비가 전쟁에서 죽었고 세실리아 역시 폭격에 숨을 거두고 말았다. 브리오니에게는 속죄할 의지력은 충만했으나 그럴 기회는 없었다.

그 빈틈을 브리오니는 다시 상상력으로 채운다. 브리오니는 자신이 할 수 있는 마지막 속죄로써 『속죄』라는 소설을 쓴다. 세실리아와 로비가 서로 사랑하고 자신이 거짓 증언을 하는 1부는 모두 사실에 기초하지만, 로비가 전쟁터에서 겪은 일이나 로비와 세실리아가 다시 만나는 2부와 3부는 상상력으로 가공한 이야기다.

상상력이 저지른 죄를 상상력으로 씻는다는 것, 그것이 바로 문학의 힘이다. 소설 쓰기가 결국 가장 적극적인 속죄 행위라는 인식은 바로 이 작품을 쓴 이언 매큐언의 가장 중요한 소설론이기도 하다.

『속죄』는 우리에게 상상력이 얼마나 위험한지 적나라하게 보여주는 동시에 의지력과 마찬가지로 나 자신을 지키는 힘이 될 수도 있음을 보여준다. 앞서 상상력을 다루기 위험하고 까다롭

상상력이 도망치는 우리를 구원해줄까?

다고 표현한 것도 이 때문이다.

　도망의 기술을 배우고 있는 우리는 이런 상상력의 힘을 더욱 더 명확히 인식해야 한다. 우리가 도망치는 것을 두려워하게 하는 것도 상상력이고, 잘못 이해한 것을 실제라고 믿게 만드는 것도 상상력이며, 어떤 길에 잘못 들어섰음을 깨닫게 하고 새로운 길을 제시하는 것도 상상력이다. 한마디로 상상력이란 무기를 어떻게 사용하느냐에 따라 우리가 감행하는 도망의 질적 수준이 결정된다.

　어린 브리오니의 잘못은 자신의 상상에 지나지 않는 일을 자신이 제대로 이해했다고 착각한 점이다. 내가 어떤 것을 잘 이해하고 있다는 식의 오만함은 언제나 자신과 타인을 불행하게 한다. 삶의 모든 선택의 순간에서 우리는 항상 자신의 이해력이 완전하지 않음을, 우리의 믿음이 실제로는 상상에 불과함을 겸허히 인정해야 한다. 그럴 때만이 의지력이란 엔진에 발생하는 오류를 최소화할 수 있다.

—

다른 삶을 상상하지 못하는 비관주의자

어떤 일을 하건 자신의 모든 것을 쏟아붓는 P. 한번 잡으면 결코 놓치지 않는 집념과 목표 지향적인 태도 그리고 특유의 성실성으로 20대까지만 해도 원하는 것을 거의 다 손에 넣는 삶을 살았다. 원하는 대학, 원하는 학과에 입학했고 오래 좋아했던 첫사랑을 연인으로 만들었다. 그가 꿈꾸는 삶은 명확했다. 안정적이고 명예로운 일을 하면서 사랑하는 사람과 함께 사는 것. 자신감이 있는 청년이라면 누구나 바라는 건전하고 현실적인 꿈이었다.

한눈팔지 않는 성격 때문인지 그의 20대는 단순했다. 공인회계사 시험공부에 매진했고 사랑하는 여자 친구에게 마음을 다했다. 그게 삶의 전부였다. 그것만으로 충분했고 자신이 꿈꾸는 미래를 상상하는 것만으로 결핍이 사라졌다.

안타깝게도 삶의 모든 국면에서 원하는 대로 인생이 풀리는 경우는 거의 없다. P에게도 위기가 닥쳤다. 기대한 바와 달리 공인회계사 시험에서 연거푸 떨어졌고 잘되던 부모님의 사업도 어려워지고 있었다. 시간이 흐를수록 자신감이 바닥났고 집중력이 흐트러졌으며 술에 의존하기 시작했다. 10년을 만난 여자 친구도 끝내 그의 곁을 떠났다. 기다릴 만큼 기다렸고, 할 만큼 했다는 걸 알기에 맨정신으로는 그녀를 붙잡을 수 없었다. 술에 취해 울먹이는 것밖에 할 수 없었고 그럴수록 그녀의 마음은 더욱 멀어졌다.

P의 여자 친구 입장에서 생각해보면 그녀는 정말 용감하게 도

망치는 데 성공한 것이었다. 그녀 역시 그를 무척이나 사랑했고 그와 마찬가지로 자신의 20대에서 P를 덜어내면 남는 게 별로 없었다. 무엇보다 그녀 역시 P 이상으로 꿈에 그리던 미래가 있었다. 그러니 도망치기 전에 얼마나 많은 고민을 했으며, 그에 대한 죄책감은 또 얼마나 컸겠는가. 하지만 그녀는 지금이 도망칠 때임을 본능적으로 알았고 완전히 다른 삶을 향해 달아났다.

반면 P는 다른 삶을 상상할 수 없었다. 여자 친구가 떠나고도 회계사 시험을 포기하지 못했고 다른 사람을 만나는 것도 생각하지 않았다. 오랜 시간 P는 그 자리에 가만히 서 있기만 했다.

P가 잘못한 게 뭐가 있나. 그저 일이 꼬이기 시작했을 때 도망치지 못한 것뿐인데! 하지만 도망치지 못해 잃은 게 너무 많았다. 원하는 걸 간절히 상상하면 이루어진다는 신화는 이토록 위험한 것이다.

삶에 도움이 되고 활력을 주는 낙관주의를 꾸준히 견지하더라도 나의 긍정적 믿음이나 상상과는 달리 좋지 않은 결과가 나왔을 때는 믿음 체계를 수정해야 한다. 다른 길을 모색해야 하고 이로써 도착하게 될 다른 미래를 상상할 줄 알아야 한다. 그러지 않으면 호기로운 낙관주의자는 언제라도 비관주의자가 될 수 있다. 원하면 이루어진다는 믿음이 깨지는 순간, 나는 뭘 해도 안 된다는 패배감에 휩싸이기 십상이기 때문이다.

다른 삶을 상상하지 못하게 되면 인간은 순식간에 늙어버린다. 그들은 다른 것을 탐하지 않고 그저 가만히 있는 게 스스로를 지키는 길이라 생각하지만, 크나큰 착각이다. 새로운 도전을 거부하고, 새로운 사람을 만나지 않고, 새로운 공부를 하지 않으면 인간은 늙게 되어 있다.

반대로 나이와 상관없이 새로운 길로 향하는 문을 여는 순간 인간은 젊음을 회복한다. 다행히 P도 매년 어디로든 여행을 다녀오는 새로운 삶을 상상하며 구렁텅이에서 빠져나왔다. 여행 갈 돈을 벌기 위해 일을 하고, 건강한 몸으로 쏘다니기 위해 운동을 하며 어린 시절의 활력을 회복했다.

—

힘이 센 관성을 극복하는 상상력

7년 전쯤의 일이다. 평일 낮 근무시간에 어머니가 핸드폰으로 전화를 걸어와 평소와 다르게 칭얼대는 말투로 내게 말했다. 아무래도 갱년기가 온 것 같다고, 쉽게 잠이 들지 않고, 불쑥불쑥 열이 오르고, 얼굴에 자꾸 홍조가 생긴다고 푸념을 늘어놓았다.

무심한 아들은 어머니의 말을 대수롭지 않게 넘겼다. 갱년기? 뭐 사춘기처럼 때가 되면 누구한테나 오는 자연스러운 현상 아닌가? 금방 괜찮아지겠지.

나는 하던 업무에 집중력이 흐트러질세라 어머니를 위로하는 말을 적당히 내뱉고는 전화를 끊었다. 내가 귀찮아한다는 걸 눈치챘는지 그 후로 어머니는 내게 자주 전화를 걸지 않았다. 대신 아버지가 전화를 걸어 어머니가 겪고 있는 증상을 자세히 알려주었다.

어머니는 내가 짐작한 것보다 훨씬 힘든 시기를 보내고 있었다. 신체에 나타나는 다양한 증상보다 우울증이 걱정스러웠다. 인터넷에서 '갱년기 우울증'을 검색해보니 심각한 사연이 줄줄이 이어졌다. 절대 방치하면 안 된다는 조언도 눈에 띄었다. 허무함과 상실감과 무기력증은 삶의 기운을 통째로 빼앗아 가는 무서운 감정이었다.

나는 그동안의 내 태도를 반성하고 어머니에게 더 자주 전화를 걸기 시작했다. 어머니에게 있었던 이야기를 듣고, 다정하게 공감을 표시하고, 어머니가 하려고 하는 일을 격려했다. 내가 보인 작은 변화만으로도 어머니는 한결 기분이 나아진 것처럼 보였지만, 그것만으로 충분한 것 같지는 않았다. 어머니에게 진짜 필요한 게 뭔지 나로서는 도무지 짐작할 수 없는 노릇이었다.

답은 어머니가 스스로 찾았다. 어머니는 복지센터에서 운영하는 영어 강의에 등록하더니 나름 본격적으로 영어를 배우기 시작했다. 그곳에서 마음 맞는 친구들과 함께 영어 공부에 몰입했다. 단어도 외워지지 않고 문법도 너무 어렵지만 영어 공부가 이렇게 재미있는 건 줄 몰랐다고 했다. 조금씩 활기를 되찾는 어머니를 지켜보며 깨달았다. 어머니에게 필요한 건 몰입할 대상이었다. 어머니를 새로운 세계로 데려다줄 매력적인 무엇이었다.

나이가 들수록 새로운 도전을 하기가 점점 더 어려워진다. 누군가 진심으로 상대를 위하는 마음으로 어떤 새로운 걸 권하더라도 십중팔구는 "내가 이 나이에 뭘"이라며 손사래를 친다. 우리 삶에서도 관성은 굉장히 힘이 세다. 살던 대로 사는 게 편하고 살던 대로 살수록 엉덩이는 점점 더 무거워진다.

평생을 즐겁고 별문제 없이 살아온 어머니도 마찬가지였다. 오랜 세월 전업주부로 살았고 자신의 세계 안에서 만족하고 지내는 법을 잘 알았기에 굳이 다른 삶을 상상할 필요가 없었다. 그런데 갱년기 우울증을 겪으며 어머니는 삶의 루틴을 바꿔야겠다고 본능적으로 직감한 것이다. 하지만 관성의 힘이 새로운 시작을 그냥 내버려 두지는 않았다. 어머니도 얼마간 속절없이 흘러가는 시간을 대책 없이 쳐다보는 수밖에 없었다.

그런 어머니를 구원한 것이 상상력이었다. 당시 아버지가 은퇴를 앞두고 있었다는 점이 어머니의 상상력에 현실감을 더했다. 어머니는 은퇴한 아버지와 함께 세계 곳곳으로 여행을 다닐 상상을 했는데 가이드의 깃발만 쫓아다니며 호텔에 묵을 생각은 조금도 없었다. 현지인의 집에서 머물며 그들과 함께 세상 사는 이야기를 나누는 여행을 상상했다. 다른 언어를 사용하는 사람들과 소통하려면 어느 정도 영어를 할 줄 알아야 했다.

상상의 힘은 관성의 힘을 극복할 정도로 강했다. 어머니는 처음 마음먹은 후 지금까지 7년이 넘도록 단 하루도 빠지지 않고 영어 공부를 했다. 내가 보기에 영어가 느는 속도는 속이 터질 정도로 더뎠다. 나 같으면 답답해서 진작에 포기해버렸을 것 같은데 어머니는 영어 공부에 완전히 재미를 붙였다. 실력이 늘지 않더라도 그저 공부하는 행위 자체만으로 엄청난 에너지를 얻고 삶의 활기를 되찾았다.

그렇게 어머니는 익숙한 삶에서 도망치는 데 성공했다. 억지로 의지력을 발휘해 도망친 게 아니라 새로운 삶을 꿈꾸는 상상력을 발휘해 도망친 것이었다. 어머니의 꿈은 아버지가 은퇴한 후 현실이 되었다. 코로나19가 지구를 점령하기 전, 어머니는 아버지와 함께 수시로 여행을 떠났다. 북유럽과 동유럽을 무려 두 달 가까이 여행하기도 했는데 대부분의 숙박을 현지인 집에서 해결했다. 한국에 있을 때는 부모님 집이 한국으로 여행을 온 외국인에게 제공하는 공짜 숙박 시설이 된다. 두 분은 국제 민간 교류 단체에 가입하여 전 세계인과 친구를 맺는 삶을 살고 있다.

어머니의 변화를 지켜보자면 상상력에 관해 파스칼이 한 말이
절로 떠오른다.

상상력은 모든 것을 가능하게 한다. 상상력은 아름다움을 만들
고, 정의를 만들고, 행복을 만든다.

—

상상력의 본질은 도망이다

상상력의 본질을 제대로 이해하려면 상상력의 철학자 가스통
바슐라르를 만나야 한다. 그는 상상력에 관한 우리의 일반적 관
점을 백팔십도 뒤집는다. 바슐라르에 따르면 우리는 그 라틴어
어원(imaginari) 때문에 상상력을 '이미지를 형성하는 능력'으로
오해한다. 하지만 상상력은 그런 게 아니라 "애초의 이미지로부
터 우리를 해방하고, 이미지들을 변화시키는 능력"이다. '이미지
형성'이 아니라 '이미지 변형'이 상상력의 핵심이다.
쉽게 설명하면 상상력은 '새로운 것을 창조하는 힘'이 아니라
'기존의 것을 다른 것으로 바꾸는 힘'이다. 그러니까 추상적 세
계에서의 '이미지 변형'은 우리 삶의 구체적 일상에서 '도망'이란
단어로 다시 쓰일 수 있다. 기존의 이미지에서 벗어나 다른 이미

지에 닿기 위해서는 도망이라는 행위가 필수적이기 때문이다.

상상력의 본질이 도망이라는 사실을 깨달으면 도망친다는 어감 때문에 절로 들었던 근거 없는 죄책감으로부터 자유로워질 수 있다. '도망치지 않으면 그 어떤 새로운 삶도 상상할 수 없어'라고 생각하는 순간, 나의 판단과 행동을 방해하던 수많은 장애물을 단번에 뛰어넘을 수 있다. 끈기를 가져야 하고 버티는 게 이기는 거라는 오랜 믿음은 근거를 잃어버리고 만다.

조금 전에 소개한 내 어머니의 사례를 살펴보자. 어머니는 애초의 이미지로부터 스스로를 해방했다. 가사 일에 충실한 전업주부의 이미지, 패키지로 해외여행을 떠나는 은퇴한 부부의 이미지, 다 때가 있다고 말하는 공부의 이미지 등 수많은 사람에게 굳어진 기존의 이미지를 바꾸어 다른 방향으로 나아갔다. 상상력은 어머니의 삶을 바꾸었고 덕분에 어머니는 갱년기 우울증을 극복하고 삶에 대한 자신감을 되찾았다.

상상과 도망으로 기존의 이미지를 새로운 것으로 바꾸지 못하는 삶은 죽은 것이나 다름없다. 영국의 시인이자 화가인 윌리엄 블레이크가 "상상력은 어떤 하나의 상태가 아니라 인간 실존 그 자체인 것이다"라고 말한 것도 그 때문이다. 기존의 이미지를 바꾸지 못하는 삶은 실존 그 자체가 위협받는다. 도망치지 못하는 삶은 그 자체로 죽은 삶이라는 말이다.

기존의 이미지에서 한 발짝도 벗어나지 못하는 사람은 크게 두 가지 유형으로 구분된다. 하나는 나르시시스트다. 이미 자기 자신에 관한 모든 것에 만족하는바 굳이 무언가를 바꿀 필요를 느끼지 못한다. 이런 사람들은 도망치는 걸 비겁한 행위로 단언하며 자신이 확보한 세계를 지키고자 전력을 다한다. 대체로 나이가 들수록 이런 경향은 점점 더 강해진다.

다른 하나는 바꿀 필요성은 느끼지만 감히 행동으로 옮기지 못하는 용기 없는 자들이다. 그들이야말로 도망치지조차 못하는 비겁한 자들인데 문제의 핵심은 역시 상상력의 빈곤이거나 상상력을 잘못 사용하는 데 있다.

지금 당장 자신을 규정하는 고정된 이미지를 버려라. 자신이 행복하지 못한 이유를 가지지 못한 것이나 되지 못한 것에서 찾으려고 하지 마라. 내가 주인공이고 세상 모든 사람이 나만 쳐다본다는 환상에서 빠져나와라. 어제의 나와 오늘의 나와 내일의 나는 완전히 다른 사람이고, 매 순간 우리는 무엇이든 될 수 있다는 사실을 잊지 마라.

나를 고정되고 변하지 않는 자아로 제한할수록 우리는 수많은 도전의 기회를 놓치게 된다. 새로운 사람도 만나지 못하고, 새로운 공부도 해보지 못하고, 새로운 장소로 떠나보지도 못한 채 냄새나는 고인 물에서 자기도 모르는 사이에 썩어갈 것이다.

상상력이 도망치는 우리를 구원해줄까?

—

상상력을 지키기 위한 자기 유배

스티븐 디덜러스라는 젊은 예술가는 자신을 규정하는 모든 것에서 벗어나기 위해 고군분투한다. 사회가 만든 조직, 사회가 정한 시스템이 예술가인 자신의 상상력을 억압하고 통제한다는 이유로 가족, 학교, 종교, 국가 할 것 없이 자신이 속한 모든 것을 거부한다. 우리 같은 일반 시민은 쉽게 받아들이기 어려운 이유지만, 그야말로 모든 것으로부터 달아나는 그의 도망은 지켜보는 이로 하여금 묘한 해방감을 느끼게 한다.

바로 제임스 조이스의 소설 『젊은 예술가의 초상』의 주인공 스티븐 디덜러스의 이야기다. 그는 가족과 종교와 국가로부터 달아나는 자신의 행위를 '도망'이라고 말하지 않는다. 대신 '자기 유배(self-exile)'라는 조금 더 그럴싸한 표현을 고른다. 누군가에 의해 쫓겨나는 유배가 아니라 자신이 스스로 선택하여 떠나는 유배임을 분명히 한다.

지금까지 상상력을 의지력과 마찬가지로 도망치는 데 필요한 유익한 도구 정도로 다루었으나 스티븐은 아예 상상력을 도망의 명분으로 삼아버린다. 예술가로서 가능한 한 자유롭게, 가능한 한 온전하게 나 자신을 표현하기 위해선 그 어떤 것에 의해서도 상상력을 억압받아선 안 되었다.

『젊은 예술가의 초상』은 제임스 조이스가 성장 과정에서 겪은 온갖 지적 방황과 고민의 흔적을 고스란히 담은 자전적 이야기다. 그도 그럴 것이 제임스 조이스가 나고 자란 아일랜드는 전형적인 가톨릭 국가로 종교가 모든 국민의 정신을 지배했고 동시에 영국의 오랜 통치와 그에 대한 저항의 역사로 민족주의 또한 공고했다. 예술가에게 꼭 필요한 자유가 숨쉬기 어려운 여건이었고 그로 인해 자신의 상상력이 억압당한다고 생각했다.

그는 소설 마지막 장면에서 고국을 떠난다고 선언한 후 실제 아일랜드를 떠나 자기 유배의 길에 오른다. 스위스 취리히, 이탈리아 트리에스테와 로마, 프랑스 파리 등 여러 도시를 다니며 자유로운 삶을 산다. 그는 자기 유배를 떠남으로써 자신의 상상력을 지켜냈고 이를 무기 삼아 『더블린 사람들』, 『율리시스』 등 걸작으로 평가받는 작품을 써냈다.

앞서 나 또한 제임스 조이스로부터 도망의 기술을 배우기 위해 제대 직후 아일랜드 더블린으로 떠났다고 털어놨다. 오죽했겠는가. 국가주의와 집단주의의 극치인 군대에 갇혀 만 2년 동안 철저히 상상력을 억압당했으니 말이다.

모두에게 제임스 조이스처럼 위대한 자기 유배의 길을 떠나라고 말하는 건 아니다. 다만 그에게서 삶을 대하는 하나의 태도

상상력이 도망치는 우리를 구원해줄까?

를 엿보길 권한다. 익숙하고 편한 것으로부터 떠나는 데는 많은 용기가 필요하다. 남들처럼 다수로 이루어진 집단에 포함되는 편이 여러모로 안전하다. 우리의 부모도, 우리의 스승도, 우리의 직장도, 우리의 정부도 우리가 그렇게 살길 바란다. 그리고 우리는 그런 안전한 길을 걸으면서도 충분히 행복하게 살 수 있다.

문제는 '진짜 문제'가 발생했을 때다. 가족이든 친구든 애인이든 직장이든 종교든 나라든 그것이 우리를 억압하고 우리의 주체적 판단을 마구 뒤흔들어도 제대로 도망쳐보지 않은 사람은 계속 그 자리에 고분고분 서 있기만 할 뿐이다. 상상력을 진즉에 빼앗겨버려 다른 공간으로 도망치는 것조차 상상하지 못한 채말이다. 그러므로 우리는 상상력을 손에 쥐고 놓치지 말아야 한다. 그러지 않으면 우리 앞에 펼쳐질 수많은 가능성이 원천 봉쇄당하고 만다. 상상할 줄 모르는 사람이 제대로 행동할 줄은 알겠는가? 어떻게 창의적인 아이디어로 문제를 해결하고 더 나은 미래를 위해 꼼꼼히 준비할 수 있겠는가? 어떻게 내가 원하는 나로 마음껏 자유롭게 살 수 있겠는가?

사회 시스템에 안전하게 편입되어 살아가면서도 상상력을 빼앗기지 않으려면 날카롭게 각성한 정신은 필수다. 나의 모든 행위를 지원하는 시스템을 적극적으로 활용하되 그것에 길들어서는 안 된다. 무슨 일이 생기면 바로 도망칠 수 있도록 어떠한 경우에도 상상력을 빼앗겨서는 안 된다. 적당히 타협하고 살더라도 결정적인 순간에는 물러서지 말아야 한다. 그런 태도만이 우리를 잡아먹으려고 하는 모든 포식자로부터 나 스스로를 지킬 수 있다.

삶은 결국,
우리가 상상하는 만큼 흥미로워진다

4장

끝난 사랑을
확실히 끝내는 법

감정이라는 게 자고로 착각하기 쉬운지라
좀 이랬다저랬다 하는 것일 뿐,
의도치 않게 어떤 상처를 주고받을 수는 있을 뿐,
그건 떠나는 자의 잘못도 아니고
남는 자의 잘못도 아니었다.

—

한때 소중했던 사람

나는 알고 있다. 이 소제목을 듣자마자 당신의 머릿속에는 누군가의 얼굴이 떠올랐을 것이다. 한때 소중했지만 지금은 연락이 닿지 않는 사람, 한때는 어제 저녁 식사로 무엇을 먹었는지까지 궁금해했지만 지금은 어디에서 어떤 일을 하며 사는지조차 잘 모르는 사람.

괜한 추억 여행이나 하자고 옛 연인에 대한 기억을 억지로 상기시키는 게 아니다. 그보다는 아직 당신이 행여 마음으로 떠나보내지 못한 사람이 있다면 지금이라도 완전히 떠나보내야 한다고 주의를 환기하는 것이다.

끝난 사랑에서 달아나는 것보다 시급한 일은 없다. 하지만 생각보다 많은 사람이 사랑이 끝난 줄도 모른 채 계속 그 자리에 머물러 있거나 사랑이 끝난 줄 알면서도 발걸음을 옮기지 못한다. 누군가 훈수를 들거나 자기 스스로가 눈앞에 펼쳐진 상황을 받아들이지 못할 때도 시간 핑계만 대면 간단히 넘어갈 수 있다. 마음을 추스르는 데 시간이 필요하다는 걸 모르는 사람은 없으니까.

하지만 끝난 사랑의 망령으로부터 도망치는 건 말처럼 쉬운 일이 아니다. 내 인생을 가장 빛나게 했던 사람을 어찌 하루아침에 깨끗이 잊겠는가. 시각, 청각, 후각, 촉각, 미각을 통째로 사용하여 경험한 것들은 아주 끈질기고 힘이 센 기억으로 남는다. 아주 사소한 시그널만으로 잊은 줄 알았던 감각이 생생하게 되살아난다.

끝난 사랑으로부터 도망친다는 건 연인을 기억에서 지워버리는 것과는 개념이 다르다. 미셸 공드리 감독의 영화 〈이터널 선샤인〉에서처럼 뇌 속에 자리를 잡은 연인의 기억을 완전히 지워버리더라도 인간의 몸은 그때의 감각을 기어코 기억해낸다. 누군가를 완전히 잊는 것은 어차피 불가능하다. 그러니 우리가 해야 할 일은 한때 소중했던 사람을 기억에서 지우는 게 아니라 끝난 사랑이 우리의 심리 상태에 미치는 영향을 최소화하는 것이어야 한다.

그렇다면 한때 소중했던 사람을 어떻게 떠나보낼 것인가? 앞 장에서 소개한 무기인 의지력과 상상력은 사랑에 관한 한 별 효력이 없다. 의지력과 상상력은 도망칠 생각을 하지 못하거나 도망칠 용기가 없는 상황에서 큰 효과를 발휘하는 것이지 끝난 사랑처럼 도망쳐야 하는 걸 너무나 잘 알면서도, 또 도망칠 용기가 차고 넘치는데도 도망치지 못할 땐 아무런 힘을 발휘하지 못한다. 우리보다 오래 산 어른들이 하는 조언도 '시간이 약이다.' '사랑은 다른 사랑으로 잊는 거다' 정도가 고작이다. 틀린 말은 아니지만 역시 온전한 답이 될 순 없다.

정신분석학이나 심리학은 충실한 애도의 과정을 거칠 것을 주문한다. 솟아오르는 어떠한 감정도 억누르지 말고 충분히 슬퍼하고 아파하고 분노하라고 한다. 그러면 결국 '저절로' 통증이 줄어들고 상처가 아물면서 모든 것을 수용하게 될 것이라고 말한다. 고개가 끄덕여지는 설명이긴 하지만 그래도 뭔가 빠진 듯하다. 어떻게, 그러니까 무슨 원리로 그 모든 것을 수용하게 된다는 말인지는 잘 이해가 되지 않는다. 정말 '저절로' 그렇게 되는 걸까.

이 정도로만 대충 이해하고 넘어가도 도움은 되지만 여기에서 말하는 '저절로'의 시스템까지 알면 끝난 사랑에서 도망치는 게 조금은 더 쉬워진다. 다음 설명은 내 나름대로 해석한 프로이트의 이론이다.

프로이트는 사랑을 성적 에너지인 리비도의 접착으로 이해했다. A가 B를 사랑한다는 건 곧 A의 리비도가 B에게 달라붙는 것을 의미한다. 반대로 이별은 리비도를 회수하는 것이다. 문제는 우리 모두 공감하다시피 리비도의 회수가 마음먹은 대로 되지 않는다는 데 있다.

리비도는 이렇게 스스로 저지된 상태에서 쾌락 원칙에 따라 충당된 에너지를 배출시킬 수 있는 어떤 다른 출구를 찾아야 합니다. 리비도는 자아에서 벗어나야만 합니다.

프로이트는 리비도가 출구를 찾기 위해선 자아에서 벗어나는 수밖에 없다고 말한다. 그러니까 A가 B에게서 리비도를 회수하는 가장 좋은 방법은 A가 자아에서 벗어나 B가 가진 어떤 중요한 특성을 자기 마음 속에 이식하는 것이다. 내 안에 사랑하는 사람의 일부가 자리 잡을 때만 우리는 그 사람을 진정으로 떠나보낼 수 있다는 말이다.

프로이트의 다른 해석들과 마찬가지로 증명할 길 없는 상상력 가득한 이론이지만, 이런 애도의 프로세스를 이해하면 끝난 사랑으로부터 도망치기가 한결 수월해진다.

다시 말해 억지로 기억을 지우거나 사랑하는 사람에게서 받은 여러 영향으로부터 완전히 벗어나려 애쓸 것이 아니라, 오히려 사랑하는 사람의 일부를 내 것으로 만들려고 노력해야 한다는 것이다. 그리고 실제 그것이 가능할 때에야 우리는 비로소 제대로 이별할 수 있다.

—

당신에겐 누군가를 통과한 흔적이 있는가?

수년 전 내가 좋아하는 두 친구를 서로에게 소개해준 적이 있다. 두 사람이 각각 어떤 이성에게 끌리는지 잘 알았기에 소개만 해주면 알아서 잘되리라 생각했고, 내 예상대로 혹은 바람대로 그들은 세상에서 가장 아름다운 연인이 되었다. 둘은 3년 가까이 만났지만 특정한 문제로 다툼이 잦았고 결국 그 문제가 서로를 너무 힘들게 하여 헤어지기로 했다. 어느 한쪽의 사랑이 끝나서 헤어진 게 아니었기 때문에 양쪽 모두 이별을 받아들이기 많이 힘들어했다.

겉으로 보기에 더 큰 상처를 입은 건 여자 쪽이었다. 그는 이별의 원인이 본인에게 있다고 생각했고 이로 인한 죄책감도 느꼈다. 힘들어하던 그녀는 남자 친구를 그리워하며 그가 좋아했던 소설, 영화, 음악 등을 더욱 가까이하기 시작했다. 몇 년간 만나면서 그의 문화적 취향에 자연스럽게 물들었던 그녀였다. 자신의 세계 바깥쪽에 있다고 생각한 남자 친구의 세계가 어느덧 온전히 자기 것이 되었다는 사실을 깨달았을 때 비로소 그녀는 남자 친구에게서 완전히 떠날 수 있었다. 사랑을 끝내고 그 끝난 사랑으로부터 도망치는 데 성공한 것이다.

남자 친구를 기억에서 지움으로써가 아니라 그가 사랑한 문장과 그가 사랑한 멜로디와 그가 사랑한 대사를 자기 마음속에 새김으로써 진정한 이별을 할 수 있게 되었다니 놀랍지 않은가.

새로 생긴 것, 다시 말해 원래 나한테 없었던 것이지만 사랑하는 사람을 만나고 헤어지며 갖게 된 것을 나는 '누군가를 통과한 흔적'이라고 부른다. 앞서 소개한 여자에게는 그녀에게 새겨진 남자 친구의 취향이 바로 '누군가를 통과한 흔적'이 된다. 마음이 단단하고 건강한 사람일수록 흔적이 많다. 그런 사람은 끊임없이 누군가를 만나고 헤어지며 다른 사람으로 성장한다. 상처에 대한 치유력도 빠르고 '나'라는 고정된 세계에 갇혀 있기를 거부한다. 나의 에고로부터 빠져나와 무한히 다른 세계로 확장하는 것이다.

하 진의 단편소설 「작곡가와 앵무새」는 리비도의 회수 과정을 상징적으로 표현한 작품이다. 적어도 내가 이해한 이 작품의 핵심은 그렇다. 이 작품 또한 하 진의 다른 소설과 마찬가지로 줄거리는 굉장히 단순하다.

아름다운 배우인 수프리야는 촬영차 태국으로 떠나기 전 누군가에게 선물 받은 앵무새를 자신의 남자 친구 판린에게 맡긴다. 판린은 수프리야가 단순히 지리적으로만 멀리 떠나고 있는게 아니라 마음도 자신에게서 점점 멀어지고 있음을 눈치채고있었다. 게다가 작곡가인 판린에게 앵무새는 창작을 방해하는거추장스러운 존재일 뿐이다. 하지만 이런저런 일을 함께 겪으면서 판린은 앵무새에게 애착을 느낀다. 수프리야의 것이었던앵무새가 자신의 것이 되면서 조금씩 그는 수프리야와의 이별을받아들이게 되고 이전에 창작한 것과는 완전히 다른 최고의 오페라 곡을 쓰게 된다. 앵무새가 '누군가를 통과한 흔적'이 됨으로써 판린은 다른 사람으로 성장한 것이다.

앵무새는 리비도를 회수하는 데 필요한 무언가의 상징이다. 모두 저마다의 앵무새를 가질 때 비로소 끝난 사랑으로부터 도망칠 수 있다. 사실 무엇이든 앵무새가 될 수 있다. 중소기업에다니던 한 친구는 그토록 바라던 교원 임용 시험을 패스하고 수학 교사가 됨으로써 앵무새를 가졌다. 수학 교사였던 전 여자 친구와 같은 직업을 가짐으로써 헤어지고도 오랫동안 놓지 못했던그녀를 완전히 떠나보냈다.

이처럼 어떤 한 사람을 완전히 통과하면 그 사람의 영향력이내 삶에 선명한 자국을 남긴다. 반대 경우도 마찬가지여서 나를통과한 사람에겐 나의 향기가 묻어 있다. 물론 이 게임은 언제나 불공평하다. 내 안에 남은 상대방의 흔적은 발견하기 쉽지만 그 사람에게 남은 나의 흔적은 알 길이 아득하다. 헤어진 후에도, 하물며 끝난 사랑으로부터 완전히 도망쳐 나왔다고 확신할 때조차도 가끔 그 사람의 삶이 궁금한 까닭이다.

내 안에 그의 흔적이 선명하듯이 과연 그에게도 나를 통과한 흔적이 제법 크게 남았는지 아니면 보잘것없는지 확인하고 싶어 조바심이 날 때도 있다. 나를 통과한 모든 사람이 나를 대형 태풍으로 기억하고 나를 통과한 커다란 흔적을 갖고 있길 바라는 건 지나친 욕심일까.

—

상상계로부터의 유배

『사랑의 단상』에서 롤랑 바르트는 내가 이 책에서 '끝난 사랑으로부터 도망치기'라고 말한 것을 좀 더 그럴싸하게 '상상계로부터의 유배'라고 표현한다.

프랑스 정신분석학자 자크 라캉은 우리가 경험하는 세계를 상상계와 상징계와 실재계로 구분했다. 언어라는 상징으로 이루어진 현실 세계가 상징계라면 언어를 갖지 못한 그 이전의 세계, 즉 이미지로 이루어진 허구의 세계가 상상계다. 마지막 실재계는 우리가 가닿을 수 없는, 언어라는 상징으로는 도무지 표현할 수 없는 진짜 세계를 가리킨다.

롤랑 바르트는 인간의 사랑을 상상계에서 하는 경험으로 파악했다. 우리가 했던 사랑을 떠올려 보면 어떤 맥락인지 감이 좀 잡힐 것이다. 우리는 마치 언어를 갖지 못한 어린아이처럼 상상 속에서 얼마나 많은 이미지를 쌓고 또 무너뜨렸는가. 우리는 빗방울이 되어 연인을 흠뻑 적시기도 하고(황인숙,「나의 침울한, 소중한 이여」), 밤새도록 연인을 꿈꾸는 바람에 밤하늘에 긴 금이 가기도 한다(강은교,「별똥별」). 바람도 없는데 괜히 몸을 뒤뉘이기도 하고(천상병,「들국화」), 밤나무에 기대 그 짓을 하는 바람에 여러 날 피울 꽃을 한나절에 다 피워놓기도 한다(정현종,「좋은 풍경」).

이처럼 수많은 이미지가 우리의 세계를 풍성하게 채색하고 덕분에 그 어떤 때보다 강렬한 기억이 우리의 삶을 가득 채운다. 바로 이런 특성 때문에 롤랑 바르트는 사랑이 끝난다는 걸 '이미지의 장례를 치르는 일'이라고 표현했다. 사랑이 끝나면 별과 비와 바람과 꽃도 함께 죽는다. 온갖 화려한 색으로 가득했던 세계는 삽시간에 잿빛으로 변하고 자극적인 향과 맛도 사라지며 기분 좋게 살랑이던 촉감도 무감각해진다. 상상계로부터 유배를 당하고 상징계에 철저히 갇히는 것이다. 쉽게 말해 이곳은 법을 지키고 돈을 벌고 중력의 법칙이 정확하게 작동하는 현실 세계다. 내가 맡은 역할에 책임을 지고 정념이 아닌 시스템에 따라 굴러가는 재미없는 세계다.

이처럼 우리는 본능적으로, 또 경험적으로 상상계에서 벗어나 상징계에 갇히는 게 얼마나 답답하고 불행한 일인지 잘 안다. 그렇기 때문에 사랑이 끝나버려도, 다시 말해 상상계로부터 떠나야 한다는 유배형에 처해도 이를 받아들이지 않고 그 자리에서 꼼짝하지 않는다.

여전히 사랑으로부터 도망치는 게 어렵고 비겁하게 느껴진다면, 다른 모든 것과는 달리 사랑만큼은 끝까지 지켜야 하고 도망쳐서는 안 되는 거라고 생각한다면 『위대한 개츠비』의 사랑 이야기를 떠올려 보는 게 좋겠다. 개츠비는 데이지와의 사랑이 끝났다는 사실을 받아들이지 못하고 그녀와 함께 도주할 수 있으리라 믿는다. 그래서 운전을 하다 사람을 치어 죽인 데이지 대신 자신이 운전한 것처럼 꾸며 죄를 뒤집어쓰고 결국 교통사고 피해자 남편에게 죽임을 당한다.

데이지를 차지하기 위해 물불 안 가리고 돈을 벌어 부자가 되어 돌아온 그였다. 데이지에게 남편이 있어도 아랑곳하지 않고 그녀에게 다가간 그였다. 기나긴 시간 동안 얼마나 많은 이미지를 쌓고 또 무너뜨렸을까. 심지어 개츠비는 자신의 모든 것을 건 데이지조차 돈만 아는 여자로 규정하고, 데이지가 진짜 원하는 삶에 대해서는 별 관심을 기울이지 않았다. 혼자만의 세계에서 자신의 상상으로 빚은 데이지를 열렬히 사랑한 것이다.

소설을 읽는 독자들 역시 데이지의 마음은 제대로 파악하기 어렵다. 주인공인 개츠비 그리고 이야기를 전달하는 화자인 닉을 이중으로 통과한 데이지만 볼 수 있기 때문이다. 그래도 추측해보자면 어쨌건 데이지도 폭력적이고 바람이나 피우는 남편보다 자기만을 바라보는 개츠비가 나을 거라고 판단한 순간이 분명 조금은 있었을 것이다. 그래서 개츠비에게 마음을 열고 희망마저 주었을 것이다. 그러다 개츠비의 사랑이 병적인 집착에 불과하다는 사실을 알았을 때 그녀는 개츠비와 함께 도망치는 대신 개츠비에게서 도망치기를 택한다. 도망친 데이지와 도망치지 못한 개츠비, 그 차이가 둘의 운명을 갈랐다.

—

나에게서 도망친 사람들

아내와 1년 반을 만나고 결혼할 때까지 100일 넘게 해본 연애가 없었다. 지금은 아무렇지 않지만 한때는 심한 콤플렉스였다. 아니다 싶으면 재빨리 도망을 쳤고 그보다 몇 배나 더 많은 여자들이 내게서 달아났다.

스무 살 첫 연애부터 그랬다. 아무 문제 없이 관계가 돈독해지고 있다고 믿었는데 상대가 어느 날 갑자기 이별을 통보해왔다. 좋은 사람이라는 건 알겠는데 남자로 느껴지지 않는다고 했다. 받아들이기 힘들었지만 떼를 부리진 않았다. 겉으로도, 속으로도 태연한 척 연기하는 데 정신이 팔려 상처가 되는 줄도 그땐 잘 몰랐다.

첫 단추를 잘못 끼운 탓이었을까. 비슷한 패턴이 반복됐다. 떨리는 마음으로 사랑을 고백하면 상대가 받아주기는 하는데 석 달을 채 넘기지 못하고 끝이 났다. 이유도 거기서 거기였다. 남자로 느껴지지 않는다는 것이었다. 한 사람은 내 뺨에 기습 뽀뽀를 한 바로 다음 날 헤어지자고 말했다. 가장 받아들이기 힘든 경우였는데, 이유를 듣고 나서는 곧장 이해했다. 좀처럼 설레지 않아 기습 뽀뽀를 했고, 그래도 가슴이 떨리지 않는 걸 확인하고는 자기가 나를 남자로 좋아하는 게 아님을 확신했다고 말했다.

밤새 통화하며 서로에게 시를 읽어주고, 매일 도서관에서 함께 문학을 공부하고, 매혹적인 글로 편지를 주고받은 그녀도 마찬가지였다. 나는 그녀의 남자 친구가 아니라 그녀의 문학 선생이었다. 우린 통하는 게 많았고 그녀는 분명 나와 함께 있고 싶어 했지만, 그렇다고 그게 나를 사랑하는 건 아니었다.

나에겐 여사친이 많았다. 내 결혼식에 온 친구도 남자보다 여자가 더 많았다. 그만큼 이성과 소통하는 데 능했고 모두 나를 편하게 대했다. 남녀 모두와 스스럼없이 지낸다는 게 나의 최대 강점이라 생각했는데 연애에 번번이 실패하다 보니 그게 강점이 아니라 크나큰 문제로 보이기 시작했다. 남자로 느껴지지 않으니 편한 친구가 될 수 있었던 것이다. 세상 심각한 문제는 아니더라도 열등감으로 느껴질 만했다.

자의식이 강한 10대 후반과 20대 초반에는 이런 일이 나에게만 벌어지는 끔찍한 비극처럼 느껴지기도 했다. 고백할 때 깔끔하게 거절당하는 것보다 한두 달 사귀다 차이는 게 훨씬 타격이 크지 않겠는가.

하지만 주위를 조금만 둘러봐도 그게 나한테만 일어나는 별난 일이 아니란 걸 알 수 있었다. 마크 웹 감독의 영화 〈500일의 썸머〉부터 마리오 바르가스 요사의 소설 『나쁜 소녀의 짓궂음』까지 '남자'가 되지 못한 '친구'의 이야기는 끝없이 펼쳐진다.

사귄 지 얼마 안 되어 차였을 때, 분명 온갖 '하트 시그널'과 '그린 라이트'가 있었기에 그렇게 어이없이 차이는 게 당최 이해가 되지 않았을 때, 그럴 때도 나는 내 감정에 오롯이 취하지는 않았다. 신세를 비관하거나 상대를 탓하는 건 잠시였고 금세 정신을 차려 최대한 이성적으로 이 문제를 바라보려고 노력했다. 그때마다 답은 하나였고, 너무나 단순했다.

나를 좋아하지 않는다는 것, 그 이상도 이하도 아니었다. 다른 설명이 필요하지 않지만 굳이 부연하자면 그들은 나를 잠깐 좋아한다고 착각했으나 이내 그렇지 않다는 사실을 깨달은 것뿐이었다.

이 답을 얻고 나면 모든 건 지극히 단순해졌고 이해하지 못할 것이 하나도 없었다. 다른 모든 건 부차적인 게 되어버렸다. 그녀가 '나쁜 소녀(『나쁜 소녀의 짓궂음』에서처럼)'인 것도, 'bitch(〈500일의 썸머〉에서처럼)'인 것도 아니었고, 내가 남자로서 매력이 부족한 것도 아니었다. 그건 사실이 아니라 해석이고 증명할 길도 없는 추측이었다. 그저 상대방이 나를 좋아하지 않는다는 것이 내가 짐작할 수 있는 사실의 전부였다. 여기에 누군가의 잘잘못이 끼어들 틈은 조금도 없었다.

이 사실을 받아들이면 사랑은 복잡할 것 하나 없었다. 나는 오히려 자기 마음을 깨닫자마자 나를 떠난 모든 이들에게 감사했고 나 역시 언제든 아니다 싶으면 두 번 생각하지 않고 그들을 떠났다. 감정이라는 게 자고로 착각하기 쉬운지라 좀 이랬다저랬다 하는 것일 뿐, 의도치 않게 어떤 상처를 주고받을 수는 있을 뿐, 그건 떠나는 자의 잘못도 아니고 남는 자의 잘못도 아니었다.

나는 그런 경험이 없어 함부로 말할 수는 없지만 오래 사귀다 헤어진 경우도 마찬가지 아닐까? 더 이상 좋아하지 않을 뿐이니까. 시간이 흐르면 모든 건 변하니까. 비통하게도 사랑이 그 변한 것 가운데 하나라면 헤어지는 게 맞는 거니까. 그렇게 생각하면 뭐 배신이니, 네가 나한테 어떻게 그럴 수 있냐느니 하는 말 따위는 무의미해지는 게 아닐까.

자신이 가해자가 된 것 같아 괴롭건 피해자가 된 것 같아 괴롭건 간에 사랑 때문에 힘들다면 이 사실 하나만은 좀 기억해두길 바란다. 좋아하지 않는데도 도망치지 않는 것, 그게 진짜 서로에게 못 할 짓이다.

—

제대로 이별해야 진짜 사랑이 나타난다

내게서 도망친 이들의 숫자만큼 나도 줄기차게 도망치며 20대를 보냈다. 특히 아내를 만나기 직전에는 뭔가에 홀린 듯 더욱더 재빠르게 도망을 쳤다. 사랑에 관해서는 타협해선 안 될 것 같았다. 흘러가는 대로 내버려 둘 수 없었다. 조금이라도 마음에 걸리는 게 있다면 뜸 들이지 않고 떠났다. 나를 떠난 사람들을 원망하지 않았듯이 나 역시 도망치면서 죄책감을 느끼진 않았다.

그러던 와중에 지금의 아내를 만났다. 아내를 만나고 처음 알왔다. 내가 어떤 사람을 그토록 찾아 헤맸는지. 그건 바로 나를 나답게 만들어주는 사람이었다. 우리는 서로 앞에서 다른 사람이 될 필요가 없었다. 더 멋있는 사람인 척 애써 꾸밀 필요가 없었다.

내가 처음 아내에게 사랑을 고백했을 때 아내는 바로 허락하지 않고 자기를 왜 좋아하는지 이유를 물었다. 나는 허세 가득한 목소리로 그런 이유쯤은 100개도 넘게 말할 수 있다고 답했다. 적당히 넘어갈 줄 알았던 아내는 100가지 이유를 글로 써달라고 했고, 아내의 반응에 당황한 나는 더 허세를 부려 200개도 쓸 수 있다고 말했다. 그렇게 숫자가 정해졌다. 아내는 정말로 내게 200가지 이유를 써달라고 했다. 기대에 찬 그 눈빛을 못 본 척 넘어갈 순 없었다.

처음엔 까다로운 숙제를 받은 초등학생이 된 듯한 기분이었지만, 내가 그녀를 좋아하는 이유 200가지를 언어로 표현하는 일은 굉장히 의미 있는 작업이었다. 다행히 나는 문학을 공부했고, 랭보가 말한 '견자(見者, Voyant)'가 되는 연습을 해봤고, 모든 추상적인 것을 구체화하여 표현할 줄 알았고, 그 모든 걸 제법 정확히 전달할 줄 알았다. 허세 부리며 말했듯이 200개 정도야 가뿐했다. 그 일을 해내면서 나는 그녀가 속한 세계로 조금 더 가까이 다가갈 수 있었다.

우리는 이별을 반복할수록, 사랑에 실패하면 할수록 꼭 누군가를 탓하게 된다. 상대를 탓하면 분노라는 감정이 커지고 나를 탓하면 우울이라는 감정이 몸집을 불린다. 그게 더 심해지면 이성을 혐오하게 되거나 거꾸로 자기를 혐오하게 된다. 자신이 굉장한 비극의 주인공이 된 것처럼 느껴지기도 하고, 지칠 대로 지쳐서 감정의 문을 닫아버리기도 한다. 도망을 치는 게 아니라 포기해버리는 순간이 오는 것이다. 포기하는 데는 근육이 필요하지 않으니까.

물론 삶에 꼭 사랑이 있어야 한다는 말은 아니다. 삶에는 어떤 정답도 존재하지 않으며 각자의 경험과 판단에 따라 자신이 원하는 방식대로 살아가면 그만이다. 다만 어떤 삶을 선택하건 자신의 주체적 판단에서 비롯한 것이어야 한다. 상황에 떠밀려 어쩌다 보니 그렇게 흘러가는 삶을 살진 말자. 사랑이 힘들고 고통스러울 땐 포기하지 말고 도망치자. 나에게서 도망치는 사람이 있다면 순순히 받아들이고 잘 보내주자.

좋아하는 이유를 200개씩 말할 수 있듯이 떠나는 이유도 200가지를 말할 수 있겠지만, 또 실제 감정은 헤아릴 도리 없이 복잡하겠지만, 헤어질 땐 안간힘을 써서라도 그냥 단순해지자. 누가 누구를 좋아하지 않는 건 어느 누구도 탓할 수 없는 문제다. 차라리 고대 그리스인들처럼 큐피드의 화살이 빗나갔다고 단순

하게 생각하자. 상처받지 않고 이별하는 법을 되풀이하며 배우
다 보면 어느 지점에서 진짜 사랑을 만나게 될지도 모른다. 내가
그렇게 아내를 만났으니, 나에겐 내 경험이 전부이니 나는 그렇
게 믿을 수밖에 없다.

조상님 고맙습니다

5장

생긴 대로 살라는
말의 함정

진정한 나로 살기 위해서는,
그러니까 자발적인 욕망을 실현하기 위해서는
우리는 일생에 적어도 딱 한 번,
영원할 것처럼 믿었던
자신의 캐릭터를 바꿀 용기를 내야 한다.

—

캐릭터를 바꿔야 하는 이유

사람은 잘 변하지 않는다. 오죽하면 사람이 갑자기 변하면 죽는다는 말까지 있을까. 변하지 않는 저마다의 특성을 우리는 흔히 '캐릭터(character)'라고 부르는데 바로 이 캐릭터 때문에 세상 모든 서사가 탄생한다. 정도전이라는 캐릭터와 이방원이라는 캐릭터가 맞붙어 조선 초 권력 다툼 스토리는 한층 흥미진진해지고, 2018아시안게임 축구 결승전에서 이승우라는 캐릭터와 황희찬이라는 캐릭터가 동시에 골을 넣음으로써 이야깃거리가 더욱 풍성해진다. 모두 역설적이게도 사람은 잘 변하지 않는다는 데서 말미암는 역동성이다.

확실한 캐릭터는 비록 그것이 치명적인 결점이라 하더라도 흥미로운 스토리에 기여하지만, 우리 인생은 불필요할 정도로 흥미로워질 이유가 없다. 특히 내가 성장하는 데 방해가 되는 결점은 확실히 인지하고 바꾸기 위해 노력해야 한다. 자기계발서의 핵심 키워드로 '변화'가 빠지지 않는 까닭이다. 이루고 싶고, 가지고 싶고, 더 나은 내가 되고 싶다면, 지금의 나로는 안 되니까 내가 바뀌어야 한다. 자기계발서는 그런 욕구를 가진 독자들에게 동기부여가 되어주거나 성공적으로 변하기 위한 방법을 제시해준다. 자신의 삶이 그 자체로 증거가 되는 사람들의 이야기는 진정성도 갖추었기에 제법 설득력이 있다.

　물론 이처럼 변화를 통한 성공 서사를 추구하던 자기계발서의 시대는 저물고 있다. 젊은 세대는 더 이상 자신을 바꾸어야 한다는 주장에 공감하지 못한다. 내가 달라진다고 한들 해결되지 않는 세상의 모순이 수두룩하다는 사실을 너무나 잘 알기 때문이다. 출판 시장에서 최근 몇 년간 사람들의 마음을 사로잡은 베스트셀러의 제목만 봐도 변화가 피부에 와닿는다. 이제 사람들은 까칠해지기를 주저하지 않고(『나는 까칠하게 살기로 했다』), 미움받는 것을 두려워하지 않으며(『미움받을 용기』), 주위 시선 같은 불필요한 일엔 신경 쓰지 않기 위해 노력한다(『신경 끄기의 기술』). 그 누구도 아닌, 나로 사는 데 그만큼 더 집중하고자 하는 것이다(『나는 나로 살기로 했다』).

　이런 책들 역시 마찬가지로 변화를 말하고 있다. 성공 서사를 따르는 기존의 책들과 방향이 다를 뿐이다. '세상이 원하는 나'에서 '진정한 나'로 변화하기를 종용한다. 트렌드에 따라 방향은 얼마든지 달라지지만 변화의 필요성을 간과하는 시대는 존재한 바 없다. 세상이 우리를 어느 한쪽으로 몰면 우리는 균형을 잡기 위해 반대쪽으로 이동해야 한다.

최근 젊은 사람들이 점을 많이 보는 이유도 그저 생긴 대로 살고자 하는 숙명론에 지배당해서가 아니다. 사주든 별점이든 점을 보는 가장 큰 목적은 자신의 캐릭터 분석이다. 내가 어떤 사람인지 알아야 내가 과거에 한 행동을 이해하게 되고, 앞으로 어떻게 살지 가늠할 수 있다. 내 캐릭터에 맞는 선택이 뭔지, 어떤 부분을 조심해야 하고 극복해야 하는지 참고할 수도 있다. 에니어그램이나 MBTI처럼 성격이나 성향을 분석하는 각종 테스트의 목적과 본질은 같다. 한마디로 자신의 캐릭터를 분석함으로써 우리가 어떻게 바뀌어야 하는지 판단할 수 있다.

나도 몇 년 전에 별점을 봤다. 내가 태어난 시각에 가장 밝았던 별과 별자리를 봄으로써 내 성격과 운명 등을 점치는 것이었다. 동양의 사주와 마찬가지로 통계에 기반한 점술이었다.

솔깃한 말이 꼬리에 꼬리를 물었다. 내가 언제 승진을 하고 이사를 하는지 정확한 시기를 맞혔고, 내가 어느 학교를 졸업했는지부터 성격은 어떠하며 좋아하는 게 뭔지까지 꿰뚫어 봤다. 특히 상사로서 부하 직원과 일하는 방식을 놓고 놀라운 말들을 쏟아냈다. 내가 꼼꼼한 비서의 별을 타고난 까닭에 부하 직원이 하는 모든 걸 썩 마음에 들어 하지 않고 그 때문에 팀원들이 힘들어할 거라는 지적이었다.

마침 내가 머리를 싸매고 고민하던 문제였다. 나는 정곡을 찔린 것처럼 뜨끔했다. 일하는 방식에 관한 내 캐릭터를 분명히 인지하는 건 내게도 도움이 되었다. 어떤 걸 조심해야 하고 어떤 걸 더 발전시켜야 하는지 구체적으로 알게 됐다. 덕분에 나는 조금이나마 변했다. 피드백을 할 때 전보다 더 팀원들의 입장에서 생각하게 되었다.

캐릭터가 조금이라도 바뀌면 서사의 힘은 약해진다. 하지만 우리의 진짜 삶은 소설이나 영화가 아니다. 서사의 힘 따위야 약해질수록 좋다. 아무도 구경하지 않는 우리 삶은 그렇게까지 흥미진진해질 필요가 없다.

—

멈추지 않는 열차에서 내리기

앞선 예시에는 함정이 있다. 상사로서 부하 직원을 대할 때의 변화는 비교적 간단하다. '갑'이거나 가해자라면 자신의 행동과 태도에 대한 반성과 점검만으로도 많은 문제가 풀린다. 하지만 내가 '을'이거나 피해자라면? 내 캐릭터가 바뀐다고 문제가 쉽게 풀릴 가능성은 크지 않다. 투쟁해서 이기거나, 포기하고 계속 고통받거나, 뒤돌아보지 않고 도망치거나 셋 중 하나다.

봉준호 감독의 영화 〈설국열차〉를 떠올려 보자. 멈추면 모두 죽는 열차 안에서 앞칸의 지배자들은 모두 자기 자리를 지킬 것을 주문한다. 꼬리 칸에 타고 있던 주인공들은 그 말을 듣지 않고 투쟁해서 앞으로 한 칸씩 나아간다. 마침내 맨 앞칸 기관차를 차지하게 되었을 때 그들은 생각을 바꿔 기차 밖으로 도망쳐 나온다. 북극곰이 나타나 바깥세상이 조금씩 녹고 있음을 알려주었기 때문이다.

우리는 보통 설국열차에 탄 승객들처럼 밖으로 도망치는 건 선택지로 두지 못한다. 〈미생〉의 명대사 "안은 전쟁터지만 밖은 지옥이다"라는 말은 거의 모든 직장인의 삶을 졸졸 따라다닌다. 다달이 들어오는 월급이나 바닥나는 대로 바로 채워지는 명함은 멈출 수 없는 열차와 다를 바 없다.

멈추지 않는 열차 안에서 우리는 부당한 일을 당해도 참는다. 성, 외모, 지역, 학력, 나이 등을 빌미로 범해지는 온갖 차별을 감내하고, 노동자로서 받는 부당한 대우에 눈감는다. 지난 수십 년간 숱한 노동자들이 투쟁에 나섰고 과거와는 비교하기 어려울 만큼 노동 환경이 나아졌다고도 볼 수 있다. 하지만 그만큼 갑의 횡포도 견딜 수 있는 수준으로, 그러니까 못 참으면 내가 인내심이 없고 사회생활을 못하고 예민한 사람으로 취급될 정도로 교묘해졌다. 그들의 훈계는 사실이기에 더 위력적이고 비도덕적이지 않기에 더 강압적이다.

일 욕심이 많고 성과를 낼 줄 아는 후배에게 자신을 움직이는 원동력이 뭐냐고 물은 적이 있다. 내가 기대한 대답과는 달리 그 후배는 슬프게도 '분노'라고 답했다. 10대였던 학창 시절부터 지금까지 여자이기 때문에 겪어야 했던 온갖 불합리한 일에 분노를 느껴왔고, 그 분노가 자신을 지금까지 이끌었다고 말했다. 물론 그녀는 실제로 화를 잘 표출하지는 않는다. 그저 할 말을 똑부러지게 잘하는 정도다. 그러면서도 모든 사람에게 나이스하고, 특히 후배들을 잘 챙기고, 상사 서포트도 잘하기에 회사 생활에 완벽히 적응한 사람처럼 보인다.

후배는 나름의 전투를 치르며 열차 맨 앞칸으로 나아가고 있었다. 결국 그녀가 모든 전투에서 승리해 맨 앞칸을 차지할지 아니면 어느 순간 달리는 열차에서 내릴지 지금으로선 알 수 없지만, 어떤 선택을 하건 나는 진심으로 그 선택을 응원할 수 있을 것 같다.

우리는 모두 자신만의 전투를 치른다. 내가 서 있는 전선은 권한과 자유의 쟁탈전이다. 신입으로 입사한 순간부터 지금까지 조직 내에서 조금 더 많은 권한과 자유를 갖기 위해 애썼고, 조금씩 승리하며 앞으로 나아갔다. 길이 막히면 조금 돌아가기도 하고 잠시 쉬며 전열을 가다듬기도 했지만, 궁극적인 전선이 바뀐 적은 없었다. 믿고 따르는 선배들이 걸어간 길에 절대적인 영향을 받았고 그들을 보며 용기를 얻기도 하고 체념하기도 했다.

자기 분야에서 성공적으로 싸워온 사람이라면 누구나 언젠가 열차 앞칸을 차지할지 열차에서 내릴지 선택해야 하는 순간이 올 것이다. 과연 어떤 기준을 두고 판단해야 훗날 돌이켜 봤을 때 후회가 적을까? 정년이 진즉 사라진 우리 직장인에게 언제 도망칠지, 어디로 도망칠지 선택하는 것보다 더 중요한 결정이 또 있을까?

—

르네 지라르의 욕망의 삼각형

후회 없는 선택을 하려면 무엇보다 나 자신의 욕망을 제대로 이해해야 한다. 내가 진실로 원하는 게 뭔지도 모르는 사람은 아무것도 선택하지 못하거나 자기 자신을 소모하는 잘못된 선택을 내린다.

자기가 원하는 게 뭔지 모르는 사람도 있냐고? 우리 대부분은 자신이 무얼 원하는지 제대로 알지 못한다. 안다 하더라도 기껏

내 경험과 지식이라는 협소한 범위 안에서만 해당하는 얘기다. 푸아그라를 먹어보지 않은 사람이 가장 좋아하는 음식으로 푸아그라를 꼽을 수 없는 것과 마찬가지 이치다.

그러니까 우리는 한정된 경험 안에서, 정확히 말하면 타인의 욕망을 통해 알게 된 무언가를 욕망할 뿐이다. 프랑스 문학비평가 르네 지라르는 우리가 자발적인 욕망이라고 믿는 것 대부분이 '낭만적 거짓'에 불과하다고 말한다. 우리는 타인이 욕망하는 것만 욕망한다. 『낭만적 거짓과 소설적 진실』이란 책에서 그는 이를 쉽게 설명하기 위해 '욕망의 삼각형'을 그리고 고전의 반열에 오른 여러 소설을 예로 들어 설명한다. 이를테면 돈키호테는 아마디스라는 중개자를 통해 비로소 이상적인 기사라는 욕망을 갖게 된다.

거창하게 위대한 문학작품 속 주인공을 예로 들 필요도 없다. 지금 내가 원하는 것의 기원만 되짚어 봐도 누군가의 행위나 성취를 모방한 모습이라는 것쯤은 쉽게 알아차릴 수 있다. 승진이건 창업이건 성공 투자건 연애건 결혼이건 갖고 싶은 물건이건 아무에게도 영향을 받지 않은 나의 자발적 욕망은 쉽게 찾을 수 없다.

자신의 진정한 욕망이라는 건 애당초 없는 걸까, 만약 있다면 어떻게 찾을 수 있을까? 르네 지라르는 진정한 욕망의 존재를 인정한다. 그리고 이를 구분하는 잣대로 열정을 제시한다. 진정한 욕망은 다른 욕망에 비해 강도가 세기 때문에 그것을 드러낼 때는 어느 때보다 열정적이어진다는 것이다. 반대로 타인을 모방한 가짜 욕망일수록 우리는 그 속에서 열정이 아니라 허영심을 발견하게 된다. 즉, 내 안의 열정과 허영심을 구분함으로써 무엇이 진정한 욕망인지 가려낼 수 있다.

　나는 한때 소설을 습작했다. 물론 당시에는 진정한 욕망이라 믿었지만 지금 생각해보면 분명 허영심이었다. '배고픈 거지가 있다는 것을 추문으로 만들기(김현, 「문학은 무엇을 할 수 있는가」)' 위해 소설을 쓴 게 아니라 그저 세상에 잘난 척을 좀 하고 싶어서 소설을 쓴 것이다. 허영심으로 시작한 일인 만큼 열정의 유효기간은 길지 않았다. 나는 몇몇 장편소설 공모전에서 5천만 원이나 1억 원의 상금을 받으며 화려하게 데뷔하는 젊은 작가들을 부러워하면서도 전업 작가로 삶을 꾸려나갈 수 있는 사람은 손에 꼽는다는 사실을 알게 되며 급속도로 열정이 식었다. 내 욕망이 허영심에 불과했음을 일찌감치 알아챈 것이다. 다행이라면 다행이었다.

　이런 경험이 조금씩 쌓이다 보면 열정과 허영심을 구분하는 일은 점점 더 쉬워진다. 그리고 자발적이지 않은 욕망에 몇 차례 배반당하면서 인생을 살아가며 캐릭터를 바꾸고 빠르게 태세 전

환을 하는 것이 얼마나 중요한지를 절실히 깨닫게 된다. 내가 욕망하던 바가 열정이 아니라 허영심에 가깝다는 것을 깨달았다면 그 즉시 주저하지 않고 다른 세계로 빠져나올 수 있어야 한다.

서머싯 몸의 소설 『달과 6펜스』가 말하는 것도 바로 이것이다. 폴 고갱의 삶을 그린 이 소설의 전반부는 미스터리 소설과 크게 다르지 않다. 회사에서나 가정에서나 한결같이 자기 역할을 충실히 수행하던 평범한 남자 찰스 스트릭랜드는 어느 날 갑자기 모든 것을 버리고 어딘가로 사라진다. 다른 여자가 생겼으리라 믿은 아내는 지인에게 남편을 좀 찾아달라고 부탁한다.

찰스 스트릭랜드가 폴 고갱이라는 사실을 모른 채 이 소설을 읽는다면 독자는 깜짝 놀랄 만한 진실과 마주하게 된다. 아내의 지인이 마침내 그를 찾아 "도대체 무엇 때문에 부인을 버렸단 말입니까?"라고 물었을 때 그는 이렇게 답한다.

"나는 그림을 그리고 싶소."

그림을 그리고 싶다는 지극히 자발적인 욕망을 실현하고자 그는 아내까지 버리고 도망을 쳤다. 그의 욕망에 조금의 허영심이라도 끼어 있겠는가? 그림에 대한 그의 열정을 우리가 감히 가늠할 수는 있을까?

찰스 스트릭랜드에게 직장 생활과 결혼 생활은 타인의 욕망을 모방한 것에 지나지 않았다. 그 사실을 깨달은 그는 바로 자신의 캐릭터를 바꿔 예술의 길로 뛰어든다. 심지어 그는 인간이 만든 문명 자체로부터 떠나길 바라며 태초의 원시적 아름다움을 간직한 타히티섬으로 도망친다.

진정한 나로 살기 위해서는, 그러니까 자발적인 욕망을 실현하기 위해서는 우리는 일생에 적어도 딱 한 번, 영원할 것처럼 믿었던 자신의 캐릭터를 바꿀 용기를 내야 한다.

—

자기 계발의 화신들

출판 밥을 10년 이상 먹다 보니 자의건 타의건 소위 성공한 사람을 많이 만나게 된다. 솔직히 고백하면 처음에는 거부감과 선입견도 있었다. 일단 독해 보였고 이기적일 것 같았다. 만족할 줄 모르는 욕심과 야망도 부담스러웠고 무엇보다 자기가 가진 에너지만큼이나 주변 사람들의 에너지도 끌어 올려야 한다고 믿는 태도가 오만하게 느껴졌다.

하지만 시간이 흐르고 그들과 인간적인 관계를 맺으면서 내가 얼마나 잘못된 판단을 하고 있었는지 조금씩 깨달았다. 인정하고 싶진 않았지만 사실 나는 그들을 부러워하고 있었다. 그들이 가진 지위와 명성, 그들이 이룬 꿈과 그 결과로써 갖게 된 부,

그들이 누리는 자유와 통제권에 꽤히 주눅이 들었던 것이다.

선입견을 걷어내자 다른 게 눈에 들어왔다. 바로 열정이었다. 정확히 말하면 변화와 도전에 대한 열정이었다. 그들은 타인의 욕망을 모방한 허영심으로 움직이는 사람들이 아니었다. 그들은 자기 열등감을 극복하고 더 나은 사람이 되기 위해 움직였다. 특히 어려운 환경을 이겨내고 자신이 원하는 삶을 살고 있는 사람들은 자신이 하는 모든 행동에 확신을 가지고, 두려움 없이 꿈을 꾸고, 될 때까지 밀어붙였다.

그들의 동력은 허영심이 아니라 열정이었다. 열정을 둘러싼 진정성과 절실함을 이해하자 나도 저절로 마음이 움직였다. 깊이 감동했고 나도 달라질 수 있겠다는 자신감이 생겼다. 열정이 전염되는 듯한 느낌을 받은 것이다.

지금 나는 출판 편집자로 살면서 얻는 가장 큰 장점이 바로 이것이라고 믿는다. 각자의 분야에서 크게 성공을 거둔 사람들을 가까이에서 보고 긴밀하게 소통하는 것만으로도 말로 설명할 수 없는 막대한 영향을 자연스럽게 받게 된다. 심지어 내가 동의하지 않는 면까지도 내면화하여 나는 기존의 나보다 조금씩 더 나은 나로 변해간다.

새뮤얼 스마일즈도 나와 비슷한 경험을 했음이 분명하다. 종교적으로 엄숙한 가정에서, 그것도 11남매 중 첫째로 태어난 그였지만, 성인이 되자마자 자신을 짓누르던 가정 그리고 종교와 완전히 작별한다. 그가 달려간 곳은 열정과 합리성이 지배하는 19세기라는 시대 그 자체였다.

처음에 의학을 공부하던 그는 이후 사회운동도 하고 신문 기사도 쓴다. 실천적 지식의 확산을 위해 헌신하던 그는 어느 날 "세계 역사란 위대한 인물의 전기일 뿐"이라고 말한, 같은 스코틀랜드 출신 철학자 토마스 칼라일의 말에 크게 감화한다. 그러고는 자기 한계를 극복하고 스스로 위대해진 인물들의 이야기를 모으기 시작한다. 그 결과물이 바로 1859년에 『Self Help』라는 제목으로 처음 출간된 『자조론(自助論)』이다.

하늘은 스스로 돕는 자를 돕는다.

이 유명한 말이 바로 이 책의 첫 문장이다. 자기계발서를 영어로 'Self-help book'이라고 일컫는 이유도 이 책에서 비롯한다. 1859년에 출간된 『자조론』이 지금 우리가 읽는 자기계발서의 효시가 되는 셈이다. 그는 이 책에서 여러 위대한 인물의 성공 스토리, 더 구체적으로 말하면 스스로를 도와 변화하는 데 성공한 사례를 소개한다. 읽는 이가 감동을 받아 스스로 동기부여를 할 수 있도록 이끈다.

스스로를 돕는다는 건 아무에게도 의존하지 않는다는 말이다. 하지만 『자조론』이 나온 지 160년이 지난 지금도 우리는 조금만 방심하면 누군가의 선택과 판단에 내 인생을 의지하고 자기 통제권을 놓아버린다. 부모님에게 내일 친구 집에 놀러 가도 되는지 물었던 어린 시절에만 해당하는 얘기가 아니다.

대학 진학이나 직업 선택, 심지어 결혼도 부모님에게 승낙을 받아야 하는 우리다. 직장에서도 상사의 컨펌 없이는 회식 메뉴 하나 마음대로 결정하지 못한다. 평생을 누군가의 판단에 의지하며 살아가다 보니 우리는 중요한 갈림길을 앞에 두고도 이러지도 못하고 저러지도 못하며 선택의 순간을 모면하려고만 한다. 내 운명을 남의 손에, 시간에, 아무렇게나 되는대로 맡겨버리고 인생이 내 마음대로 되지 않는다고 한탄한다.

이 지점에서 오해하지 말아야 할 것이 있다. 자기계발서가 말하는 변화는 억지를 부려 내가 아닌 다른 사람이 되라는 뜻이 아니다. 그보다는 진정한 나, 나아가 나를 극복한 내가 되기를 주문한다. '자기 혁명'이라는 단어가 여기저기서 발견되는 까닭도 이때문이다.

같은 맥락에서 우리는 자기 계발의 화신들을 무작정 모방해서는 안 된다. 그들이 원하고 욕망한 것이나 그들이 이뤄낸 것을 모방할 것이 아니라 그들의 열정에 감동을 받아 우리가 어떤 분야에 열정을 쏟을 수 있을지를 찾아야 한다.

—

삶은 권태와 고통 사이의 진자 운동

변화나 자기 혁명 등 다분히 자기 계발적인 담론에 여전히 거부
감을 느끼는 독자도 많을 것이다. 그런 사람들을 위해 권태라는
개념을 소개하고자 한다. 먼저 마광수 교수가 쓴 첫 번째 장편소
설 『권태』에서 작중 화자가 쓴 시 한 편을 감상해보자. 화자는 이
시에도 「권태」라는 같은 제목을 붙였다.

아프지 않으면 권태롭다

전쟁이 아니면 평화
가 아니라 권태다
고생 끝에 낙
이 아니라 권태다
사랑 끝에 결혼
이 아니라 권태다

오르가슴은 없다

이 시는 욕망의 철학자로 불리는 쇼펜하우어에게 영향을 받은 것으로 보인다. 쇼펜하우어는 "삶은 고통과 권태 사이의 진자 운동"이라고 말한 바 있다. 아프지 않으면 권태롭다는 얘긴데, 삶이 호락호락하지 않은 이유도 이 때문이다. 고통이 없으면 행복해야 하는데 고통이 없으면 고작 권태를 얻을 뿐이니 우리는 자신도 모르는 사이에 스스로를 파괴하는 어리석은 행위를 숱하게 저지른다.

학보사 기자 시절 나는 마광수 교수를 인터뷰한 적이 있다. 그때 그와 권태에 관한 얘기를 주고받기도 했는데, 그는 내게 권태를 참지 못하고 아내와 이혼한 것이 자기 인생의 최대 실수라고 솔직하게 털어놨다. 권태에 잡아먹힌 그 순간을 두고두고 후회했다. 말뿐인 후회가 아니었다. 가만히 있어도 슬퍼 보였던 그의 표정은 권태가 얼마나 무시무시한 감정인지를 그대로 보여주었다. 매일 새로운 사람을 만나고 새로운 경험으로 가득한 삶을 살고 있던 20대 초반의 내가 권태의 진정한 의미를 알 리 만무했으나 어쨌건 그때 나는 처음으로 권태에 대한 깊은 두려움을 갖게 됐다.

이후 스스로 생을 마무리한 마광수 교수의 삶을 추측해보면 끊임없이 고통과 권태 사이를 오간 듯하다. 권태라는 것이 고통 이상으로 고통스러운 감정일지도 모른다는 생각도 들었다. 생각이 여기까지 미치면 고통이 없는 상태를 쾌락으로 간주한 에피쿠로스의 철학은 너무나 나이브하게 느껴진다. 쾌락을 추구할수록 고통만 더 커진다는 인식에는 공감하지만, 고통에서 벗어나 마음의 평안을 얻음으로써 행복해진다는 인식에는 고개를 갸우뚱하게 된다. 부처님쯤 되면 모를까, 평범한 사람이 과연 어느 세월에 그 경지에 이른단 말인가. 물론 에피쿠로스 입장에서 변명하자면 권태는 일종의 현대병이니 에피쿠로스는 아마 그 개념조차 몰랐을 것이다.

현대인들이 에피쿠로스보다 니체에 더 열광하는 까닭도 이 때문이 아닐까. 니체는 나름 쇼펜하우어가 말한 고통과 권태의 감옥에서 벗어날 유일한 방법을 제시한다. 바로 끊임없이 전진하라는 것. 안전을 추구하지 말고 위험하게 살라는 것. 니체에게 풍파 없는 항해는 단조롭고 권태로운 여정에 불과했다. 그는 풍파 속에 기쁨이 있고 풍파에서 비롯한 고난이 심할수록 가슴이 뛴다고 말했다.

여전히 쇼펜하우어가 보기에 에피쿠로스는 고통에서 권태로 도망친 사람이고 니체는 권태에서 고통으로 도망친 사람일 것이다. 하지만 에피쿠로스는 고통에서 도망치면 쾌락이 있으리라 믿었고 니체는 권태에서 도망치면 기쁨이 있으리라 믿었다. 성공적으로 도망칠 수 있을지 여부는 해봐야 아는 법, 되건 안 되건 우리는 일단 고통과 권태 모두로부터 도망을 쳐봐야 하지 않을까.

세속적인 성공을 이루고자 나를 변화시켜야 하고 자기 혁명을 해야 한다는 자기 계발적 담론에 거부감을 지닌 사람에게도 권태에 대한 두려움은 분명히 존재한다. 인간은 스스로 자신만만한 것과는 달리 허무와 무기력한 상태에 극도로 취약하다. 우리는 권태에서 벗어나기 위해서라도 끊임없이 변해야 하고 새로운 도전에 나서야 한다. 물론 '권태에서 벗어나면 고통'이라는 쇼펜하우어의 우울한 프레임에 갇혀 있다면, 변화나 자기 혁명 역시 무의미한 몸짓에 지나지 않는다는 패배주의에 젖게 될지도 모르겠다.

시도해보지도 않고 포기할 생각부터 하는 이들을 위해 마지막으로 19세기 철학이 아니라 20세기 문학을 소개하며 권태에 관한 이야기를 마무리하려고 한다. 이탈리아 문학의 거장으로 불리는 알베르토 모라비아가 쓴 『권태』라는 소설이 있다. 권태의 민낯을 섬세하게 묘사한 작품으로 평가받는데, 이 작품을 통해 권태의 본질로 바로 들어가 보는 게 좋겠다.

주인공 디노는 프롤로그에서 권태라는 감정을 현란한 언어로 설명한다. 신이 세상을 만든 것도, 아담과 이브가 먹어서는 안 되는 과일을 먹은 것도, 신이 홍수로 인간을 파멸시킨 것도, 기독교가 탄생한 것도, 아메리카 대륙을 발견한 것도, 프랑스혁명이나 러시아혁명이 일어난 것도 모두 권태 때문이라고 진단한다. 여기엔 선악의 가치 판단이 없다. 그저 인간은 권태에 토끼몰이를 당하는 나약한 짐승에 불과할 뿐이라는 얘기다.

또한, 디노는 인간을 권태롭게 하는 핵심 원인으로 소통의 부재와 관계의 단절을 든다. 어디에든 연결되어 있다는 느낌을 받지 못한 순간, 누구와도 소통하지 못하고 있다는 느낌이 드는 순간 인간의 권태는 폭발한다.

중요한 건 권태에 대처하는 우리의 자세다. 소설은 권태와 싸워서 이기는 것도, 권태에서 완전히 달아나는 것도 불가능하다고 말한다. 우리가 할 수 있는 건 계속 권태와 싸우는 것뿐이다. 싸우는 순간에는 이기지 못한다 해도 최소한 패배하진 않는다. 그리고 권태와 싸우는 최선의 방법은 세상과 연결되어 끊임없이 소통하는 것이다. 골방에서 나와 광장으로 나가는 것이다. 이는 내가 1장에서 세상이 아니라 나에게서 도망쳐야 한다고 강조한 바와도 이어지는 얘기다.

자기 계발의 화신이 되지 못하더라도, 그저 생긴 대로 살겠다고 체념하더라도 권태에 잡아먹히지 않으려면 멈추지 않고 움직여야 한다. "결국 삶이란, 한쪽으로 누워서 오래 잘 수 없는 불편한 침대에서 자꾸 몸을 뒤척이는 것처럼 위치를 계속해서 바꾸는 것"(알베르토 모라비아, 『권태』)인지도 모르니까.

때로 무력감은 인내심으로 위장된다

6장

정답은 없다,
끊임없는 수정과 보완만 있을 뿐

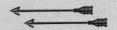

그러니 우리가 할 수 있는 건
그냥 모든 것을 받아들이면서 앞으로 나아가는 것이다.
틀린 것을 찾으면 수정하고 보완하면서
우리 역시 아름다운 빛과 물질의 일부임을 인지하면서
멈추지 않고 걸어가는 것이다.

—

너는 이길 수 있을 때만 싸우냐?

나는 영리했다. 이길 싸움과 질 싸움을 미리 알았고 질 싸움에는 처음부터 덤벼들지도 않았다. 당연히 대부분의 전투에서 지지 않았다. 물론 나만 영리한 건 아니었다. 2003년부터 2010년 무렵까지 대학을 다닌 우리, 소위 88만 원 세대 친구들은 대부분 애당초 질 싸움은 피했다.

기성세대는 그런 우리를 못마땅하게 여겼다. 특히 정치적으로 진보적인 어른들이 우리의 영리함을 강하게 공격했다. 홍세화 선생은 우리를 문제의식조차 못 느끼는 무식한 대학생으로 평가했고, 김용민 선생은 조용히 공부하고 졸업해서 삽 들고 안전한 삶의 길을 모색해나가라고 조롱했다. 우리에게 '88만 원 세대'라고 이름 붙인 우석훈 선생조차 토플책을 버리고 짱돌을 들라고 주문했다. 심지어 목수정 선생은 우리를 사랑과 연애조차 하지 않는, 야성을 잃어버린 무능한 인간으로 취급했다. 하나같이 취업에만 목을 매느라 세상에 대해 저항하기는커녕 투표조차 하지 않는다는 게 그 이유였다.

사실 나도 MB가 대통령으로 당선되던 17대 대선엔 투표장에 가지 않았다. 전역하자마자 아일랜드로 떠났던 2007년이었다. 투표하지 않는 데 대한 죄책감은 없었다. 지는 게 뻔한 싸움은 하는 게 아니니까. 우리를 꾸짖은 어르신들이 대안으로 내놓은 후보 가운데 가장 센 인물은 될 가능성도 없었을뿐더러 내 소중한 한 표를 드리고 싶지도 않은 분이었다.

그동안 어른들이 퍼부은 공격엔 내내 아무렇지도 않았는데 신기하게도 영화 〈안시성〉에서 만난 양만춘의 공격에 내 눈빛이 흔들렸다. "너는 이길 수 있을 때만 싸우냐?"라는 꾸지람에 불현듯 내 삶을 되돌아보게 된 것이다. 이 말이 〈안시성〉 최고의 명대사로 손꼽히는 걸 보면 아마 나와 비슷하게 생각하는 사람이 제법 많다는 뜻이리라.

나는 2003년에 원하는 대학에 진학했다. 물론 수능 점수에 맞춰 원서를 써 단과대가 정해졌고, 입학 후 1년 동안 받은 성적으로 전공이 정해졌다. 모두 점수에 맞춰 썼기에 나는 거부당하지 않았다. 졸업을 하던 2010년에는 취업난이 심하다고 했지만 어렵지 않게 직장을 구했다. 고시를 준비한 것도, 대기업을 노린 것도 아니었기에 가능한 빠른 취업이었다. 나는 얼추 내 수준에 맞는 기업에 받아들여졌다.

그 후로도 변함없이 이기지 못할 싸움을 피해가며 몇 번의 이 직을 했고 현대적인 경제경영서나 자기계발서에서 금과옥조로 여기는 '스몰 석세스'를 몇 번 경험했다. 질 싸움은 애당초 피한 결과였다.

난 바닥을 경험해보지 않았다. 그래서 자격지심이나 열등감도 없는 편인데 한때는 오히려 그것이 내 콤플렉스였다. 사람들은 바닥을 치는 걸 두려워하지만, 그런 커다란 실패를 통해 새로운 삶의 동력을 얻는다는 것도 잘 알고 있다. 출판 일을 하면서 만난 사회적으로 성공한 여러 저자 중 다수는 이런 극한 어려움을 극복하고 자기만의 길을 개척한 사람들이었다. 불행인지 다행인지 내겐 그런 경험이 부족했다. 큰 실패를 경험해보지 못했기에 실패를 더욱 두려워하게 되었고, 가진 것이라고는 쥐뿔도 없으면서 손에 쥔 걸 지키기에 급급한 보수주의자가 되어갔다.

하지만 누구나 동의하듯 성공보다는 실패와 좌절이 더 많은 게 우리 인생 아니겠는가. 출판 기획 일을 하면서도 끊임없이 나 자신의 역량을 의심했지만 그럴 때마다 그동안 경험해온 스몰 석세스 덕분에 어떻게든 의심을 떨쳐버릴 수 있었다.

어느새 나도 정해진 룰을 충실히 잘 지키는 편이 훨씬 더 편한 기성세대가 됐다. 세상이 시키는 대로 남들처럼 착실히 살아가면서, 이길 수 있는 싸움만 국소적으로 펼치며 아주 조금씩 내 영역을 넓혀가고 있다.

그런데 요즘은 어쩐지 20대 때보다 더 지기 쉬운 싸움에 뛰어들어 보고 싶다는 생각이 든다. 다른 사람이 쓴 글을 고치고 편집하는 일을 해온 내가 지금 이렇게 내 글을 쓰겠다고 덤벼드는 것도 다 그런 욕망 때문이 아닐까. 분명 당신에게도 그런 마음이 있을 것이다. 그게 무엇이든 우리 겁먹지 말자. 실패를 두려워하는 게 가장 하수이며, 최악의 실패임을 잊지 말자.

—

원효가 기꺼이 파계승이 된 이유

시인이자 소설가인 김선우가 쓴 『발원』은 원효와 요석공주의 이야기를 섬세한 문장으로 그려낸 소설이다. 이 작품에서 재해석한 원효라는 인물은 우리가 익히 알고 있는 것보다 몇 배는 더 흥미롭다.

삼국통일을 숙명으로 받아들이고 있는 김춘추에게 생명의 고귀함을 말하며 전쟁에 반대하는 원효는 제거 대상 1순위였다. 이미 전쟁에 지친 민중의 마음은 원효에게 많이 기울어져 있었다. 반전의 여론이 끓어오르기 시작했으며 민심은 원효를 살아 있는 부처로 떠받들었다. 원효를 죽이는 건 어렵지 않았지만, 그랬다간 민심이 더욱 요동을 칠 게 분명했다.

김춘추는 여론을 자신의 편으로 만들려면 무엇을 해야 하는지를 정확히 알았다. 원효를 죽이는 대신 추락시켜야 했다. 가장 효과적인 방법은 원효를 파계승으로 만드는 것이었다. 원효에게 여자가 있고 둘 사이에 낳은 자식이 있다면 원효를 향한 사람들의 존경 따위는 하루아침에 사라질 게 분명했다.

비정한 아버지였던 그는 과부가 된 자신의 딸 요석공주를 이용했다. 둘이 실제로 사랑했는지, 요석공주가 낳은 아들인 설총이 진짜 원효의 아들인지는 알 수 없으나(아마 사실이 아닐 것이다), 김춘추는 용의주도하게 스토리를 꾸몄다. 원효가 물에 빠질 수밖에 없도록 일을 꾸미고 젖은 옷을 요석공주의 거처에서 말리게 한 것이다.

원효는 끝내 요석공주와 그 아이를 받아들이고 파계승이 되어 사람들에게 손가락질을 받게 된다. 원효는 김춘추의 계략을 다 알면서도 제 발로 함정에 걸어 들어간다. 여기에서 궁금한 건 왜 원효가 그런 선택을 했느냐 하는 것이다. 바로 답을 말하기 전에 '도망치기의 일인자' 원효의 삶을 조금 더 자세히 들여다보는 게 좋겠다.

어렸을 때까지만 해도 화랑을 꿈꾸었던 그는 고향을 떠나 신라의 수도 계림으로 향한다. 하지만 막상 화랑이 되려 하다 보니 자기와는 완전히 맞지 않는 옷이란 걸 깨닫는다. 적군이라 하더라도 그는 차마 사람을 죽이지 못했다. 그는 집총을 거부한 군인이 되어 화랑의 세계에서 도망쳐 불교에 귀의한다.

처음 출가한 곳은 신라에서 가장 큰 절인 황룡사였지만 곧 그곳에서 빠져나와 분황사로 간다. 이미 기득권이 된 타락한 승려들에게 실망한 탓이었다. 또 그는 의상을 따라 당나라 유학길에 올랐다가 그 유명한 해골 물을 마시고 다시 신라로 돌아온다. 이렇듯 그는 인생의 중요한 순간마다 가던 길을 멈추고 새로운 길로 도망치는 쪽을 선택했다.

이유는 간단하다. 원효는 끊임없이 깨닫는 삶을 살았고 깨닫는 즉시 주저하지 않고 행동으로 옮겼다. 억울하게 파계승이 되는 길을 받아들인 것도 마찬가지다. 비정한 아버지는 자신의 딸과 배 속 손자의 목숨을 이용해서라도 자신이 원하는 바를 이루려는 사람이었고 그것을 잘 아는 원효는 기꺼이 자신을 희생해 위기에 처한 모자를 구했다. 둘은 원효의 가족이 됨으로써 비로소 궁에서 벗어나 자유로운 삶을 살게 되었다.

원효는 자신의 정체성인 승복을 벗어 던지면서까지 생명을 껴안았다. 그에게 인간의 생명보다 가치 있는 건 없었다. 종교의 세계를 떠나 세속의 세계로 건너온 그의 선택은 겁에 질려 도망

정답은 없다, 끊임없는 수정과 보완만 있을 뿐

치는 것과는 차원이 다른 행동이었다. 나 같은 평범한 사람이 매번 승산이 있을지 없을지 재는 것과 달리 그의 머릿속엔 아예 승패라는 개념조차 없었다. 이기고 지는 개념이 없는 자가 어찌 패배를 두려워하겠는가.

원효는 어디에도 갇히는 법 없이, 어디에서도 두려워하는 법 없이 자신의 믿음을 따랐고 믿음이 바뀌면 주저 없이 가던 길을 틀었다. 진리를 탐구하는 종교인이었지만 삶에 정답이 없다는 걸 알고 끊임없이 방향을 수정하고 다른 길을 모색하며 평생을 살았다.

만약 당신에게 이루고 싶은 무언가가 있다면, 앞뒤 안 가리고 그 목표를 향해 달려간다면, 그것만이 정답이라 믿고 살아간다면 언제든 위기에 빠질 수 있다. 시간이 흐르면 세상도 변하고 내 마음과 육체도 변하는데 어찌 정답이라고 그 자리에 그대로일까. 그러니까 목표를 달성하지 못하면 평생 결핍에 시달리고, 달성하더라도 이게 진짜 원하던 바가 아니란 걸 알기에 허무함에 시달리게 되는 것이다. 그럴 때 과감하게 도망치지 못하면 평생 자기 안에 갇혀 다른 삶을 살 기회 자체를 잃어버리게 된다.

우리가 원효에게 배워야 하는 건 그것이다. 학창 시절 교과서에서 배운 일심사상이나 화쟁사상 같은 건 몰라도 된다. 화랑이 되려다 승려가 되고, 유학을 가려다 해골 물 한 사발에 고향으로

돌아오고, 고귀한 생명을 지키고자 파계승이 되기를 택하는 정
신을 배워야 한다. 원효처럼 삶의 방향을 조정하고 다른 길을 찾
다 보면, 아니 그 과정 자체를 통해 우리는 위대하고도 흥미로운
삶을 살게 된다.

—

이기는 싸움도 하지 않는 사람들

이길 수 있을 때만 싸웠다는 자기 비하성 고백은 위선일지도 모
르겠다. 사실 나는 그게 어디냐고, 이길 수 있을 때조차 싸우지
못하는 사람이 얼마나 많냐고 되묻고 싶다.

　토론토대학교 심리학과 교수인 조던 피터슨의 책 『12가지 인
생의 법칙』에서 바닷가재들 간의 전쟁 이야기를 읽었다. 안전과
생식에 절대적인 도움이 되는 자기 영역을 지키기 위해 바닷가
재는 목숨을 걸고 다른 바닷가재와 전투를 치른다. 그런데 전투
에서 승리한 개체의 뇌와 패배한 개체의 뇌는 하늘과 땅 차이다.
승리한 쪽은 세상과 계속 싸워나갈 용기를 얻은 반면 패배한 쪽
은 자기보다 약한 놈을 만나도 싸울 생각조차 하지 못하는 무기
력한 존재로 전락한다.

서열 싸움에서 승패가 결정되면, 승자는 더듬이를 위협적으로 치켜세우고, 패자는 모래를 뻐끔뻐끔 내뿜으며 사라진다. 애초에 힘이 약한 바닷가재는 아예 서열 싸움에 끼어들지 않고 낮은 지위를 감수하는 대신 팔다리를 온전하게 지키는 쪽을 택한다.

이길 싸움만 해온 나의 비겁함은 실제로는 굉장히 영리한 생존 전략이었다. 결과적으로 나는 이길 수 있는 싸움만 한 덕에 승자의 뇌를 갖게 되었고 그 힘으로 세상과 부딪치며 조금씩 앞으로 나아가고 있었다.

그러고 보면 이기는 싸움도 하지 못하는 사람이 허다하다. 지나고 보면 결국 이길 만한 싸움이었는데 지레 피해버려 줘도 못 먹는 상황에 처하고 마는 것이다. 88만 원 세대인 내 주변엔 유독 사범대나 교대를 졸업한 친구가 많다. 공부 잘하는 친구들 가운데 상당수가 안정적인 삶을 바라 교사라는 직업을 선택하는 시대였다. 나는 내심 그들의 선택이 못마땅했지만 이해가 안 되는 건 아니었다. 취업이 어려운 건 말할 것도 없고 좋은 학교를 졸업해 좋은 기업에 취직해봤자 오래오래 마음 편히 다닐 수도 없는 세상에 내던져진 우리였다.

문제는 그다음부터였다. 한번 승부를 피한 그들은 계속 싸움을 피했다. 수능에서 삼수를 한 친구는 고향인 대구에 있는 대구

교대에 충분히 들어갈 만한 점수를 받고도 혹시나 또 떨어질까 두려워 집에서 멀리 떨어진 지역에 있는 교대에 지원했다. 또 임용 시험을 칠 때도 커트라인이 조금이라도 더 높을 거란 이유로 그 지역 광역시에 원서를 내지 않았다. 그 친구뿐만이 아니었다. 대구 대신 경북에, 대전 대신 충남에 지원한 친구가 많았다. 친구들 모두 결과적으로 대전이나 대구에 지원해도 충분히 합격할 만한 점수를 받았다.

친구들의 선택을 이해하지 못한 나는 그들의 마음을 돌리려고 나름대로 애를 썼다. 겁먹지 말고 진짜 자신이 살고 싶은 지역에 원서를 쓰라고 권했다. 단 한 명의 예외도 없이 친구들은 모두 조금이라도 더 이길 가능성이 높은 곳에 승부를 걸었다. 결과가 나온 후 후회하는 낯빛을 언뜻 비치기도 했지만, 이내 결과론일 뿐이라며 그렇게 할 수밖에 없었다고 자신의 선택을 합리화했다.

대도시에서 교사 생활을 하건 인구 10만 소도시에서 교사 생활을 하건 그게 뭐가 중요하겠는가. 하지만 싸움을 피하는 선택이 쌓이면 진짜 맞서야 할 때도 맞서지 못하고 회피해버릴 가능성이 높아진다. 살면서 싸울 일은 생각보다 흔하다. 경영진이 말도 안 되는 지시를 할 때, 거래처나 고객이 갑질을 할 때, 직장 상사가 성희롱을 할 때 등 크고 작은 싸울 일이 다반사로 일어난

다. 이기는 싸움도 하지 않고 피해왔는데 과연 부당한 상황에 처했을 때 제대로 소리 내 싸울 수 있을까.

나 자신의 심신의 평화와 사회정의를 구현하기 위해 질 수도 있는 싸움을 억지로 하라고 부추기는 것이 아니다. 적어도 이길 수 있는 싸움만큼은 피하지 말자는 얘기다. 군대에서 일방적으로 당할 때가 많은 나였지만, 해볼 만하겠다 싶은 상황이나 상대에게는 타이밍을 놓치지 않고 들이받았다. 자기보다 권력과 힘이 적은 상대에게 일격을 당한 사람들은 대부분 수치심을 느끼며 당장 그 상황을 모면하기 위해 애를 쓴다. 그리고 상대의 성격과 무기를 알았으니 아무래도 다음번엔 좀 더 조심한다. 물론 더 악랄하게 나를 괴롭히는 놈들도 있을 테니 사람을 보고 가려가며 대들어야 한다.

회사 생활을 할 때도 마찬가지다. 부당한 대우를 받았다면 반드시 상대에게 호루라기를 불어 경고음을 들려줘야 한다. 상대가 명백하게 잘못을 했고 내게 명분이 있는 싸움이라면 절대 패배할 리 없다. 사실은 사실대로 먼저 바로잡고, 상대의 감정이 다쳤다면 나중에 그 점에 대해서만 따로 사과하면 된다. 이길 수 있는 싸움이라도 조금씩 해나가며 내 영역을 넓혀나갈 때만 우리 삶은 조금 더 원하는 삶에 가까워질 수 있다.

두 번째 화살 피하기

어리석은 사람이나 지혜로운 사람이나 경계를 대하면 좋고 나쁜 생각을 일으킨다. 그러나 어리석은 사람은 그 감정에 포로가 되어 집착하지만, 지혜로운 사람은 감정을 갖더라도 그것에 집착하지 않는다. 그래서 어리석은 사람은 두 번째 화살을 맞는다고 하고, 지혜로운 사람은 두 번째 화살을 맞지 않는다고 한다.

읽자마자 무릎을 탁 쳤던 불교의 가르침이다. 경계(境界)란, 쉽게 말해 어떤 것과 다른 것이 맞닿아 있는 지점이다. 불교에서는 자신의 뜻을 거스르는 상황에 직면하는 것을 역경계라고 하고 자신의 뜻에 맞는 상황에 직면하는 것을 순경계라고 하는데, 어떤 경계든 그것에 맞닿으면 인간은 첫 번째 화살을 맞게 된다. 첫 번째 화살이란 어떤 상황에 마주하고 갖게 된 즉각적인 감정이나 본능 따위의 반응이다. 예쁜 것을 보고 예쁘다고 여기고, 맛있는 것을 보고 먹고 싶다는 욕심을 내고, 슬픈 것을 보고 슬프다고 느끼는 것을 뜻한다. 인간이라면 첫 번째 화살은 피하고 싶어도 피할 도리가 없다. 부처님도 첫 번째 화살은 절대 피하지 못한다고 했다.

정답은 없다. 끊임없는 수정과 보완만 있을 뿐

한편 두 번째 화살은 첫 번째 화살을 맞은 데서 비롯한 또 다른 감정이나 욕심을 말한다. 멋진 차를 보고 멋있다고 여긴 것까지는 좋은데 그걸 내 것으로 만들기 위해 차를 훔치거나 거액의 빚을 져서 차를 사는 건 두 번째 화살을 맞은 것이다. 또한 친구가 가진 것을 보고 부러워하거나 질투를 느낀 것까지는 좋은데 그 때문에 자기 자신을 비하하거나 세상에 분노하는 것 또한 두 번째 화살을 맞은 것이다.

우리 삶에서 발생하는 대부분의 문제는 바로 이 두 번째 화살을 맞는 데서 출발한다. 아니, 두 번째 화살에서 그치면 그나마 다행이다. 그 상황에 빠져 있으면 자기 몸과 마음이 너덜너덜해지는 것도 모르고 세 번째, 네 번째, 다섯 번째 화살까지 연거푸 맞는다. 처음 맞은 화살은 그것이 아무리 거대하다 하더라도 크게 타격이 되지 않는다. 두 번째 화살만 피한다면 삶은 다시 내 페이스를 되찾아 순조롭게 흘러간다.

내가 아는 가장 치명적인 화살은 르상티망이다. 니체가 말한 르상티망은 약자가 강자에게 품는 질투, 원한, 증오, 열등감, 시기심 등이 뒤섞인 감정이다. 온갖 비교 속에서 살아가는 우리이기에 르상티망의 감정을 평생 피하고 살기란 불가능하다.

아끼는 후배인 M은 친구네 집들이에 다녀와서 르상티망에 휩싸였다. 돈 잘 버는 전문직 남편과 결혼해 넓고 비싼 새집에서 풍요롭게 사는 친구의 모습에 첫 번째 화살을 맞은 것이다. 게다가 그 친구는 직장 생활에서 좋은 성과를 내기 위해 최선을 다하고 있는 자신의 노력을 무의미한 행위로 깎아내려 더 기분이 상했다.

만약 M이 두 번째 화살을 맞았다면 이 감정을 해결하기 위해 다음과 같은 반응을 보였을 것이다. 르상티망의 원인이 된 가치 기준에 복종해 자신도 친구와 비슷한 삶을 살겠다고 다짐하거나 반대로 르상티망의 원인이 된 가치판단을 뒤집어 남편에게 경제력을 의존하는 친구를 무시하는 것이다.

하지만 다행히도 M은 두 가지 길을 모두 거부했다. M은 자신이 르상티망이라는 첫 번째 화살을 맞았음을 분명히 인지하고 그 상황에서 한발 빠져나와 당사자가 아닌 관찰자가 되어보았다. 그러니 새로운 사실 하나가 눈에 들어왔다.

취직 대신 결혼을 선택한 친구 역시 신나게 회사 얘기를 하는 자신 때문에 르상티망이라는 첫 번째 화살을 맞은 것이다. 친구가 보였던 모든 반응은 성공적으로 커리어를 쌓아가고 있는 자신의 모습에 질투와 시기의 감정을 느낀 데서 비롯한 것이었다. 서로 비슷한 감정을 느끼고 있었음을 깨닫자 첫 번째 화살의 충격은 서서히 사라졌다. 두 사람은 전처럼 다시 좋은 관계를 회복했다.

정답은 없다, 끊임없는 수정과 보완만 있을 뿐

주변을 둘러보면 이런 해피 엔딩보다 관계의 '손절'로 끝을 맺는 결과가 훨씬 더 흔하다. 어떤 이유에서건 르상티망이라는 첫 번째 화살을 피할 길은 없는데 제법 많은 사람이 거기에서 그치지 않고 '손절'이라는 두 번째 화살을 맞는 길을 택한다. 손쉽게 끊을 수 없는 관계에서는 서로 또 싸우고 욕하고 저주하며 세 번째 화살을 맞고, 그런 자신을 혐오하고 상대에게 분노하며 네 번째 화살까지 맞기도 한다.

여기서는 관계라는 측면에서 예를 들었지만 첫 번째 화살과 두 번째 화살은 우리 삶의 모든 영역에서 시시때때로 날아온다. 배우자나 연인이 있는데 다른 사람이 눈에 들어오기도 하고, 타인을 속여서라도 손쉽게 돈을 벌고 싶은 유혹에 빠지기도 한다. 하지만 이런 위태로운 상황에서도 두 번째 화살만 피하면 우리 삶은 곧바로 균형을 회복한다.

두 번째 화살을 피하는 방법은 별다를 게 없다. M의 사례처럼 우선 나 자신이 첫 번째 화살을 제대로 맞았음을 정확히 인식하고 겸허히 인정하는 것이 중요하다. 그 사실을 거부하거나 인지하지 못하면 더 큰 화살이 줄줄이 날아와 박힌다. 첫 번째 화살을 맞았음을 인정했다면 다음으론 그 상황에서 빠져나와 전체를 조망하는 위치에 도달해야 한다. 사건의 당사자가 아닌 관찰자가 되면 두 번째 화살은 비교적 쉽고 자연스럽게 피할 수 있다.

누군가를 속이고 아프게 하는 사람을 응원하는 관찰자는 없을 테니까.

—

완벽주의를 이겨내는 가장 완벽한 방법

세계 어느 국가를 막론하고 최근 몇 년간 심리 분야에서는 '완벽주의'를 다룬 책이 쏟아졌다. 완벽주의 때문에 스스로를 힘들게 하는 사람이 많다는 방증일 것이다. 특히 MZ세대에서 흔히 발견되는 성향이라는데 확실히 내 주변만 둘러봐도 그런 사람이 많다. 그들은 어릴 때는 부모가, 커서는 학교가, 지금은 회사가, 나아가 온 세상이 자신에게 기대하는 바가 크다고 믿는데, 사실 꼭 그렇지는 않다. 굳이 바깥세상에서 이유를 찾자면 심해진 경쟁과 박탈당한 기회 때문에 어쩔 수 없이 스스로를 압박한다고 보는 편이 더 정확할 것이다.

'난 이 정도는 해야 하는 사람'이라는 자의식 과잉은 삶의 모든 영역에서 나타난다. 자신이 하는 일, 맺고 있는 인간관계, 가정에서 맡은 역할에서도 스스로 매우 높은 기준을 세워두고 그 기준을 충족하지 못한다고 힘들어한다. 완벽주의는 모든 것에 정답이 있다는 잘못된 믿음에서 비롯한다. 플라톤의 이데아처럼 실재하지도 않는 어떤 궁극의 직장인, 궁극의 엄마, 궁극의 연인이 되고자 허깨비를 좇는 셈이다.

심리학은 완벽주의의 문제점을 날카롭게 지적하고, 이 문제에 시달리는 사람들에게 어서 그곳에서 빠져나오라고 주장한다. 하지만 그런 몇 마디 말로 쉽게 이겨낼 만한 거라면 애초에 그건 문제라고 할 수도 없다. 완벽주의자들은 완벽주의가 자신의 행복을 가로막는 거대한 적임을 진작부터 알고 있었다. 그런 그들이 완벽함을 내려놓고 적당함을 추구하라는 심리학자들의 말에 꿈쩍이나 할까. 우리의 마음이라는 게 마음먹은 대로 스위치를 켰다 껐다 할 수 있는 것이긴 한가.

나 역시 같은 고민에 빠져 있을 때 한 소설이 내게 다가왔다. 바로 앤드루 포터의 단편소설「빛과 물질에 관한 이론」이다. 책을 좋아하는 친구에게 선물로 받아서 읽게 된 작품인데 읽자마자 내가 아는 가장 아름다운 소설이 될 것임을 알았다. 이 소설의 아름다움은 한마디로 우리가 살면서 너무나 갖고 싶지만 가지지 않기로 결심한 아름다운 것들을 떠올리게 하는 데서 비롯한다.

물리학과 교수인 로버트는 학생들에게 물리학의 본질을 깨닫게 하기 위해 아무도 풀 수 없는 방정식을 시험 문제로 낸다. 그 어떤 위대한 물리학자도 자신이 절대 이해하지 못하는 수준의 사고가 있음을 깨닫는 순간이 온다고, 빛과 물질의 세계를 완벽하게 이해하는 건 애당초 불가능하다고 가르치기 위해서다. 똑똑한 학생들이 교수를 원망하며 시험을 포기하고 강의실을 떠날 때, 헤더는 완전히 틀린 답을 쓰지만 어쨌건 시험을 끝낸 유일한 학생이 되어 로버트와 함께 차를 마실 기회를 얻는다. 간절히 갖고 싶지만 가질 수 없는 두 사람의 관계가 시작되는 순간이다.

헤더는 결혼을 약속한 연인 콜린을 진심으로 사랑한다. 하지만 로버트에 대한 마음도 숨길 수 없다. 그는 연인 몰래 자주 로버트를 만나며 밤새 친밀한 대화를 나누고 마음으로 교감한다. 헤더와 로버트는 서로 갈망할 뿐 실제로 사랑을 입에 올리지는 않는다. 로버트를 향한 헤더의 마음은 콜린과 결혼한 후에도, 심지어 그 뒤로 다시는 서로를 만나지 못한 채 로버트가 죽었다는 소식을 듣고도 계속된다.

헤더는 죄책감을 느끼면서도 자신이 어떻게 할 수 있는 문제가 아님을 안다. 콜린이 자신의 중요한 일부를 채워주었듯이 로버트 역시 자신의 또 다른 중요한 일부를 채워주었다고 믿는다. 그 영역은 그 사람만이 채워줄 수 있는 부분이다. 그러면서도 헤더는 콜린에게 끝까지 자신의 마음을 숨긴다. 자신의 죄의식을 덜기 위한 고백은 상대의 상처만 후벼 팔 이기적인 행동이라 생각하기 때문이다.

완벽주의자는 헤더의 도덕성을 비난하겠지만 사실 이런 문제에서 자유로운 사람이 얼마나 되겠는가. 사랑이든 삶이든 세상에 완벽한 건 없다. 아무리 좋은 관계도 언제든 파국을 맞이할 수 있고, 누구도 예측할 수 없는 갑작스러운 사건이 평화로운 일상을 흔들 수도 있다. 아무에게도 절대 밝히지 못할 비밀도 생길지 모른다. 하지만 그런 한계를 받아들이고, 그럼에도 다른 누군가를 위해 자신이 할 수 있는 최선을 다한다면 완벽하지 않은 우리의 삶은 그 자체로 아름다워진다. 우리가 이해할 수 없는 온갖 물리학 법칙이 빛과 물질로 요술을 부려 이 아름다운 세상을 만들었듯이 말이다.

우리는 우리가 갖기로 마음먹은 것이 우리 삶을 만든다고 생각하지만, 우리가 갖지 않기로 결심한 것 역시 그 이상으로 우리 삶을 만든다. 심리학자이자 철학자인 스벤 브링크만도 그의 저서 『절제의 기술』에서 "우리를 지금 모습으로 만든 것은 바로 우리가 하지 않기로, 기꺼이 놓아버리기로 선택한 것들이다"라고 말했다. 내가 하지 않기로 선택한 그 일, 그 관계, 그 행동이 지금의 나를 지금의 나로 있게 한 것이다.

이 사실을 깨달으면 완벽에 대한 강박이 얼마나 무의미한지 뼈저리게 와닿는다. 나아가 정답을 찾아야 한다는 두려움에서도 자유로워진다. 그 어떤 고상한 말로 포장하더라도 어차피 우리 삶 역시 물리학의 법칙에서 벗어날 수 없다. 완벽하지도 않고 이해하기도 어려운 일이 여기저기서 벌어진다.

　그러니 우리가 할 수 있는 건 그냥 모든 것을 받아들이면서 앞으로 나아가는 것이다. 틀린 것을 찾으면 수정하고 보완하면서 우리 역시 아름다운 빛과 물질의 일부임을 인지하면서 멈추지 않고 걸어가는 것이다.

정답은 없다, 끊임없는 수정과 보완만 있을 뿐

이기지 못해도
해내볼 것

7장

어떤 정체성으로
살 것인가?

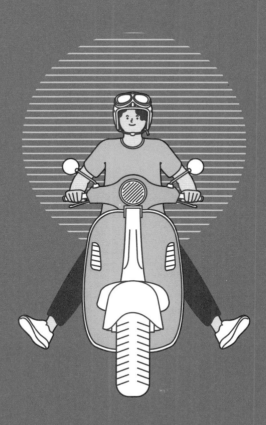

도망을 친다는 건
내 정체성에 대한 점검이자 조정이다.
내 마음에 드는 정체성의 나로 보내는 시간이 많다면
굳이 도망칠 필요가 없지만
그렇지 않다면 달아나야 한다.

—

우리는 가면을 벗지 못한다

예전부터 내 속엔 내가 너무도 많아 뭐가 진짜 나인지 혼란스러웠다. 상대방에 따라 철저히 다른 모습이 튀어나왔고, 그래서 나 자신이 줏대가 없는 사람처럼 느껴졌다. 나는 대구 지역 고등학교를 졸업했는데 친구들은 서울에 있는 학교에 가면 가장 먼저 말씨를 바꿀 것 같은 사람으로 나를 지목했다.

실제로 그랬다. 나는 서울 친구들 앞에선 서울 말씨를 썼다. (물론 완벽하진 않겠지만!) 친절하고 상냥한 서울 말씨를 쓰는 나는 대구 말씨를 쓰는 나와는 완전히 다른 사람이었다. 대구 친구들에게 농담 삼아 대구 말씨로 어떻게 사랑을 속삭일 수 있느냐고 묻기도 했다. 나는 서울 말씨를 쓸 때만 로맨티시스트가 될 수 있었다.

상대방에 따라 완전히 다른 가면을 쓰는 내 모습을 보면서 나는 스스로를 진정한 자아가 없는 놈, 타인의 시선을 신경 쓰는 놈으로 취급했다. 인간은 실제 자신의 모습을 보호하기 위해 가면을 만들어낸다고 카를 구스타프 융이 그랬던가. 그 가면을 페르소나라 불렀던가. 아무튼 나는 내 본모습이 무엇인지조차 모를 정도로 마주하는 상황과 사람에 따라 온갖 가면을 바꿔 쓰며 살았다.

심리학에서는 이처럼 실제 내 모습과 의도적으로 쓴 가면의 괴리가 커지는 현상을 경계한다. 가면을 벗으라고, 억지로 나를 꾸미지 말고 있는 그대로의 나로 살라고 조언한다. 하나의 정체성을 고집하라는 얘기인데 나로서는 가능하지도, 도움이 되지도, 따르고 싶지도 않은 처방이었다.

나는 서른이 훌쩍 지나고서야 여러 얼굴을 가진 나를 긍정적으로 바라보기 시작했다. 그런 삶의 태도가 나를 즐겁고 유쾌하게 만든다는 걸 깨달았기 때문이다. 상대방에 따라 다른 '나'가 된다는 건 그만큼 다채롭고 재미있게 살 수 있음을 의미했다. 가면이라는 단어의 무게에 속아 넘어가서는 안 되었다. 여러 얼굴을 가진다고 그게 내가 아닌 다른 사람이 된다는 말은 아니었다.

이런 내 생각에 이론적 근거를 제시한 사람이 있다. 바로 소설가 히라노 게이치로다. 그가 『나란 무엇인가』라는 책에서 제시한 '분인주의'라는 개념을 간단히 설명해보겠다.

'개인'은 영어로 'individual'이다. 더 이상 나눌 수 없는 개체라는 뜻이다. 우리는 여러 집단으로 묶일 수 있지만, 결국 개인으로서의 나는 더 이상 무엇으로 나뉠 수 없다. 히라노 게이치로는 이런 당연한 상식에 반기를 들고 'dividual(분인, 分人)'로서의 나를 이야기한다. 물리적으로 나는 더 이상 나뉘지 못하지만 내 정체성만큼은 얼마든지 나눌 수 있기 때문이다.

여기서 중요한 건 단순히 다양한 정체성으로 나눈다는 사실 자체가 아니다. 우리가 해야 할 일은 나의 여러 분인 중 내가 사랑할 수 있는 분인으로 보내는 시간을 더 많이 확보하는 것이다.

예를 들어 사랑하는 아내 앞에서 나는, 그러니까 내 분인은 세상 다른 누구도 볼 수 없는 내가 된다. 강아지처럼 꼬리를 흔들고 배를 뒤집어 보이며 애교를 부리고, 말도 안 되는 춤을 추며 내 감정을 표현한다. 나는 그런 내가 참 좋은데 그런 내가 되기 위해선 아내가 곁에 있어야 한다. 반면에 어떤 사람 앞에서의 나는 재미도 없고, 지루하고, 답답한 사람이 되어버린다. 그러니까 나를 긍정하기 위해서는 나를 내가 좋아하는 나로 존재하게 해주는 사람들과 더 많은 시간을 보내야 한다.

이처럼 나를 개인이 아닌 분인으로 사고하면 나를 탓하지 않게 되고 상처에 초연해지며 나를 사랑하는 방법을 알게 된다. 내게는 가면을 벗고 진정한 나로 살라는 심리학의 충고보다 내가 좋아하는 분인을 찾으라는 히라노 게이치로의 충고가 훨씬 더 의미 있게 들린다. 히라노 게이치로에 따르면 가면은 없다. 또 다른 나, 여러 개의 분인이 있을 뿐이다.

도망을 친다는 건 내 정체성에 대한 점검이자 조정이다. 내 마음에 드는 정체성의 나로 보내는 시간이 많다면 굳이 도망칠 필요가 없지만 그렇지 않다면 달아나야 한다. 우리는 내가 더 좋아하는 정체성으로 보내는 시간을 늘리기 위해 다른 길을 찾아야 한다. 나를 더 근사하게 만들어주는 사람, 나를 더 의미 있는 사람으로 만들어주는 조직, 나를 더 자유롭게 해주는 장소를 찾아 용기 있게 나아가야 한다.

—

관계 속에서만 정해지는 나의 정체성

내가 좋아하는 나로 살기! 흡족한 정체성으로 존재하는 시간을 충분히 확보하기! 분인주의적 관점을 통해 어떤 태도로 살아가야 할지에 대한 방향성은 찾았지만 우리는 그게 말처럼 쉽지 않음을 잘 안다. 과연 이 정체성이란 것이 자기 스스로 정할 수 있는 것인가. 우리가 언제 그렇게 강한 적이 있었을까.

인간은 나약하다. 우리는 관계라는 구조 속에서만 개인의 정체성을 확보할 수 있다. 타인에 의해 발견되지 못한 나는 존재하지 않는 것이나 다름없다. 분명히 물리적으로는 이렇게 시퍼렇게 살아 존재하는데도 관계의 맥락이 사라지면 우리는 스스로 존재감을 느끼지 못한다.

인간의 고독이 필연적인 이유도 여기에 있다. 나는 끊임없이 발견되어야 하는데 현실에서는 그렇지 못한 경우가 훨씬 많다. 밀란 쿤데라의 소설『정체성』은 바로 이런 정체성의 문제를 정면으로 다룬다.

소설 속 샹탈은 자신을 끔찍이 사랑하는 남자 친구가 있는데도 소외감을 느낀다. 길거리에서 남자들이 더 이상 자신을 쳐다보지 않는다는 게 그 이유다. 그녀의 남자 친구 장마르크 역시 조금 다른 방식으로 정체성의 가벼움을 실감한다. 해변을 산책하던 중 샹탈을 발견하고 기쁜 마음에 그녀를 쫓아가지만 가까이에서 보니 여자는 샹탈이 아니었다.

잠깐의 실수이긴 했지만 장마르크는 분명 자신이 사랑하는 여자를 알아보지 못했다. 사랑하는 여자의 정체성은 자신과는 아무런 관계도 없는 여자의 정체성과 단번에 구분되지도 못할 만큼 미미했던 것이다. 사랑의 대체 불가능성을 믿는 사람이라면 더더구나 받아들이기 어려운 경악스러운 깨달음이었다.

하지만 또 달리 생각하면 사랑에 빠진 사람은 어느 누구를 보더라도 그에게서 내가 사랑하는 사람을 발견해낸다. 모든 것의

중심에 사랑하는 사람이 있기 때문이다. 장마르크도 마찬가지였다. 산책하는 내내 그녀와 만날 수 있기를 내심 얼마나 바랐던가. 그가 다른 여자를 샹탈로 착각한 것도 그런 연유였다.

남자들이 더는 자신을 쳐다보지 않는다는 이유로 기운이 다 빠져버린 여자 친구에게 우리는 무엇을 해줄 수 있을까. 장마르크는 그런 샹탈이 야속했지만 동시에 그녀를 기쁘게 해주고 싶었다. 그래서 그는 다른 낯선 남자인 척 그녀에게 정성스러운 편지를 쓴다. 그의 예상대로 샹탈은 다시 젊음과 생기를 회복한다. 타인에 의해 발견되었다는 기쁨이 그녀를 바꿔놓은 것이다. 그런데 그녀는 장마르크에게 모르는 남자로부터 편지를 받았다는 사실을 말하지 않고 편지를 속옷 아래쪽에 숨겨둔다. 장마르크는 그 사실에 우울해졌지만 위험한 장난이 발각될 때까지 멈추지 않는다.

샹탈과 장마르크의 행동은 분명 병적으로 보이지만, 그렇다고 그들의 심리와 행동이 이해되지 않는 건 아니다. 우리도 분명 내가 사랑하는 사람에게만 사랑받기를 원하는 건 아니니까. 내가 사랑하는 사람을 위해서는 뭐든 할 수 있다고 생각하니까.

중요한 건 타인의 시선이 가지는 막강한 힘을 인정하는 것이다. 터놓고 말해서 타인의 시선에 우리 정체성이 달려 있다고 해도 과언이 아니다. 타인의 시선으로부터 자유로워지고자 하는 욕망은 영원히 충족될 수 없다. 나 혼자 "나는 이런 사람이야"라고 선언한다고 갑자기 내가 그런 사람이 되는 게 아니다.

이런 깨달음은 패배주의가 아니다. 내 정체성이 타인의 시선에 의해 결정된다는 사실을 명확히 인식함으로써 우리는 그다음에 해야 할 일을 알 수 있다. 바로 샹탈처럼 불특정 다수의 시선에 기분이나 자존감이 좌우되는 삶을 살아서는 안 된다는 것, 나를 사랑하는 사람과 내 삶에 의미 있는 타자들의 시선에만 영향을 받아야 한다는 것, 내가 소중하게 생각하는 사람들에게 어떤 사람으로 발견되고 기억될지 바로 그 정체성에 초점을 맞춰야 한다는 사실을 깨닫게 된다.

—

유목할 것인가, 정주할 것인가

유목주의(노마디즘)란 말이 유행하던 시절이 있었다. 내가 대학을 다니던 2000년대 초중반이었던 것으로 기억한다. 질 들뢰즈가 사용한 이 용어가 실제 자본주의의 대안으로 제시된 것인지는 잘 모르겠다. 어쨌건 내가 이해하기로 들뢰즈는 '정주하는 삶'과 '유목하는 삶'을 이항 대립 구조에 놓고 자본주의의 핵심을 '정주하는 삶'으로 정의했다.

인간은 유목 생활을 청산하고 농경 생활을 시작하면서 먹거리를 비롯한 잉여 재산을 축적하기 시작했다. 현대사회를 살아가는 우리가 삶의 목표로 삼는 것도 마찬가지로 안정적인 정착이다. 안정적인 직장, 안정적인 가정, 더 이상 2년마다 이사를 다니지 않아도 되는 내 집. 안정적으로 한곳에 정주하기 위한 물적 토대를 갖추고자 우리는 눈을 뜨고 있는 시간 대부분을 공부나 노동에 바친다. 그 힘으로 자본주의라는 거대한 시스템이 굴러간다.

유목주의는 바로 이런 삶에 대한 저항이다. 다양한 사람에 의해 다양하게 이해되고 있는 개념이지만, 한마디로 말하면 '도망치는 삶'이다. ○○대학 출신, ○○기업 직원, ○○동네 주민으로 규정되는 정체성에서 벗어나 끊임없이 새로운 정체성을 추구하는 대안적 삶을 일컫는다.

유목민들의 생활 방식이나 라이프스타일은 기존 질서에 편입해 정주하는 삶을 살고 있는 사람들의 심기를 불편하게 만든다. 특히 자식처럼 내게 소중한 사람이 그런 삶을 산다면 더욱 참기가 힘들다. 바로 이런 이유 때문에 도망치는 삶은 생각보다 어려운 일이다. 확신할 수 없는 무언가를 위해 소중한 사람을 배신해야만 할 수도 있다.

유목하는 삶과 정주하는 삶의 대립적 구조를 꿈꾸고 좌절하는 청년들의 이야기를 통해 멋지게 그려낸 소설이 있다. 프랑스 소설가 조르주 페렉의 『사물들』이다. 이 작품을 읽으면 두 가지 삶 중에 하나를 선택하는 문제가 생각보다 단순하지 않다는 사실을 깨닫게 된다.

곧 대학을 졸업하고 사회로 나갈 제롬과 실비는 단꿈에 젖어 있다. 멋진 양탄자와 가구, 첨단 가전제품이 집을 가득 채우고 마음 맞는 친구들과 수시로 파티를 열며 교양 넘치는 대화를 나누는 삶! 소설 초반부는 이런 희망으로 가득하다. 자신들이 꿈꾸는 대로 되리라고 미래 시제를 쓰지만 결코 그런 현재는 오지 않는다. 둘은 졸업 후 비정규직을 전전할 뿐이다.

그들이 원하는 안정적인 정착은 치열한 경쟁에서 승리할 때만 가능하다. 하지만 그들이 바라는 건 우아하고 교양 있는 삶이지 경쟁하고 쟁취하는 삶이 아니다. 그들은 결국 정주하는 삶을 포기하고 유목하는 삶을 선택한다. 삭막한 파리를 떠나겠다고 선언하고 스팍스라는 시골로 내려간다. 패배주의적으로 도망친 선택에 행복이 쉽게 허락될까. 그들에겐 시골 생활도 답답하고 무료할 뿐이다. 온갖 사물들이 있는 도시 파리와 아무것도 없는 시골인 스팍스는 완전히 상반되는 공간이지만, 행복하지 않은 건 매한가지다. 그들은 유목민답게 다시 파리로 돌아온다. 그들은 파리에서 다시 행복해질 수 있을까?

이 소설을 읽으면 자연스레 나의 대학 시절이 떠오른다. 제롬과 실비처럼 우리도 장밋빛 미래를 떠들었다. 직장을 갖기 전의 우리는 무엇이든 될 수 있었다. 많고 많은 월급쟁이 회사원이 되겠다던 사람은 아무도 없었다. 법을 공부했고, 정치를 공부했으며, 언론을 공부했고, 문학을 공부했다. 온갖 영화와 음악을 즐겼으며 스포츠나 연예인에 대한 관심도 빠트리지 않았다. 그러니까 우리에게 돈이나 연봉, 권력 따위는 서른일곱 번째 문제였다. 안정적으로 정주하는 삶, 한 가지 정체성을 고집하는 삶은 우리의 삶이 아니었다.

실제 우리가 누리고자 하는 삶은 안정적인 직장과 돈 없이는 이룰 수 없는 것이었는데도, 우리는 모두 대단한 유목민이 될 것처럼 말하고 행동했다. 하지만 대학을 졸업하고 사회에 첫발을 내디디고 얼마 지나지 않아 우리가 그렸던 환상은 산산조각이 났다. 우리에게 절실히 필요한 건 그 어떤 것도 아닌 소속감이라는 걸 깨달았다. 견고한 서열 사회 속으로 합류하지 않으면 그건 곧 삶의 패배를 의미했다. 나는 그제야 깨달았다. 제롬과 실비는 파리에서 스팍스로 도망을 친 게 아니라 쫓겨난 것이었다.

이처럼 유목하는 삶을 선택하는 건 말처럼 쉬운 일이 아니다. 선택지가 없어서 할 수 없이 도망치는 건 우리가 원하는 도망이 아니다. 그렇다고 정주하는 삶에는 무슨 희망이 있겠는가. 대학을 졸업하면 청년 실업에 시달리고, 어렵게 직장을 구한들 꿈꾸던 삶을 살기보다는 책임과 의무만 가득한 삶을 살아내기 바쁘다. 그럼에도 더 많은 돈과 안락한 삶에 대한 욕심을 끝내 거두지 못하기에 결핍감만 점점 더 커져간다.

『사물들』은 바로 이런 지점을 집요하게 그려내며 우리에게 어떤 정체성으로 살 것인지 진지하게 묻는다. 제롬과 실비의 삶을 지켜본다고 대단한 위로를 받는 건 아니지만, 그들의 고군분투기는 분명 우리 자신을 객관적으로 돌아보게 한다. 그리고 '사물들'과는 결코 상관없을, 삶의 진짜 행복에 대해 생각하게 한다. 긍정적으로만 생각해도 모자랄 판국에 우리 앞에 놓인 현실을 맨눈으로 보라니 어쩐지 잔인하게 느껴지지만 그래도 고개 돌리지 말자. 결국 우리는 '사물들'과의 전쟁에서 적당히 저항하고 적당히 항복하며 살아갈 운명이니까.

—

어쩌면 우리 삶의 주인공은 시간일지도

해체론의 아버지 자크 데리다는 서양철학이 집요하게 이항 대립의 구조를 만들어 어느 한쪽은 우월한 것으로, 다른 한쪽은 열등한 것으로 취급한다고 비판했다.

이성 vs 감성

진리 vs 거짓

실재 vs 가상

질서 vs 무질서

선 vs 악

아름다움 vs 추함

(……)

　문제는 이런 추상적이고 형이상학적인 차원의 이항 대립 구조가 우리 실생활에 맞닿은 문제에까지 심각한 악영향을 미친다는 점이다.

백인 vs 유색인

서양 vs 동양

남자 vs 여자

(……)

　데리다는 이런 이항 대립의 구조를 가차 없이 무너뜨렸다. 진리의 기원과 그 근원을 부정하고, 형이상학으로 추앙받고 진리로 믿어지며 우상으로 숭배받는 모든 것에 아무런 이유가 없음을 논리적으로 증명한 것인데, 결코 말처럼 쉬운 일이 아니었다. 서양철학 전체와의 정면 대결이었기 때문이다.

데리다가 사용한 핵심 키워드는 '차연(différance)'이었다. '차이'와 '지연'을 복합해 만든 단어인데, 바로 이 개념으로 철학의 주재료라고 할 수 있는 언어(logos)를 해체해버린 것이다. 모든 말은 시간이 흐르면서 의미가 조금씩 달라진다. 고정된 의미를 지니는 언어는 없다. 그러니 그 언어로 이뤄진 철학 역시 완전하고 확정적인 구조로 서 있지 못하게 된다.

실제로 플라톤이든 데카르트든 니체든 지금 와서 보면 도무지 이해가 잘 안 되는 어처구니없는 말들이 많다. 일반적인 철학 교양서는 시대적 한계임을 지적하며 애써 포장해주곤 하는데, 결국 이런 현상도 모두 압도적인 시간의 힘 때문에 발생하는 것이다. 시간의 흐름이 의미의 차이를 만들기 때문에 아무리 잘난 철학도 구멍이 숭숭 나버리고 만다.

그 대단한 철학도 시간의 힘 앞에선 속수무책인데 우리 삶이라고 다를까. 우리는 저마다 자기 인생의 주인공이라고 착각하고 살지만, 아무리 발버둥을 쳐도 주인공은 시간이다. 시간의 힘 앞에선 인간의 의지도, 주체적인 선택도 별다른 힘을 쓰지 못한다. 제아무리 깊고 뜨거운 사랑을 고백하는 사람일지라도 영원한 사랑을 약속할 수는 없다. 우리는 지금 이 순간 최선을 다해 사랑할 수 있을 뿐이다.

시간의 힘을 인정하는 사람은 겸허하다. 신이나 운명을 믿는 사람보다도 훨씬 더 겸허하다. 시간의 힘을 아는 사람은 지금 자신의 생각과 감정이 언제든 바뀔 수 있다는 것을 안다. 동시에 다른 사람의 생각과 감정 또한 바뀔 수 있음을 잘 알고 있다. 그 사실을 깨달으면 설사 사랑이 변할지언정 그게 내 잘못도 아니고 상대방의 잘못도 아니란 것을 안다. 그러니까 시간의 힘을 아는 사람은 "네가 어떻게 그럴 수 있냐?"라며 따지지 않는다.

하 진의 소설 『기다림』은 바로 이런 시간의 힘을 그린다. 시간 앞에서 인간의 의지와 인간의 사랑이 얼마나 보잘것없어지는지 슬프도록 담담하게 보여준다. 이야기의 구조는 간단하다. 군의관 장교 쿵린은 '착하고 못생긴 시골 여자' 수위와 애정 없는 결혼을 하고 부대에서 간호사로 일하는 만나를 만난다. 쿵린은 수위와 이혼하고 만나와 결혼하기 위해 18년 동안 갖은 노력을 다하고 마침내 그토록 소원하던 바를 이룬다. 쿵린과 만나는 18년 동안 이혼을 기다렸고, 수위는 18년 동안 남편의 마음을 기다렸다. 문제는 그토록 염원하던 이혼을 하고 사랑하는 사람과 결혼을 했는데 조금도 행복하지 않은 것이다. 쿵린은 만나와 결혼한 뒤 오래지 않아 다시 수위에게 돌아가기를 꿈꾼다. 그에게 필요한 건 뜨거운 사랑이 아니라 마음 편한 안식처였다.

이 얼마나 끔찍하고 슬픈 시간의 장난인가. 18년 동안 이혼하기 위해 살아온 사람의 마음이 그사이에 다시 전처에게로 향하다니! 이 엄청난 아이러니처럼 보이는 이야기를 통해 『기다림』은 우리 삶의 진실을 꿰뚫어 본다. 결국 시간이 주인공이라는 진실을 통찰한다.

그건 '어차피 우리 인간이 할 수 있는 건 아무것도 없어'라며 패배감에 젖어 있거나 삶 자체를 시니컬하게 보는 것과는 완전히 다르다. 그저 '시간의 의중은 헤아릴 수가 없으니 묵묵히 가야 할 길을 걸어갈 수밖에'라는 깨달음에 가깝다.

로버트 프로스트가 눈 내린 숲 앞에 서서 "잠들기 전에 가야 할 길이 멀다(And miles to go before I sleep)"라고 말한 것이나, 박목월이 술 익는 마을을 바라보면서도 "구름에 달 가듯이 가는" 것이나 다 마찬가지 깨달음이 아니겠는가. 그런 점에서 이 작품에선 수위가 승자다. 그저 묵묵히 자신이 할 일을 하며 세월을 보냈더니 18년 만에 애정 없던 남편의 마음이 마침내 자신에게로 향했으니 말이다.

일이 잘 풀리지 않거나 원하는 것을 가질 수 없을 때 내가 초연해질 수 있었던 전략도 바로 시간을 주인공으로 모시는 것이었다. 내가 못나서가 아니라 아직 그 대상이 나를 받아들일 시간이 되지 않았다고 생각하면 상처 하나 없이 결과를 겸허하게 받아들일 수 있다. 그저 내가 지금 할 수 있는 일을 하며 흔들림 없이 나의 길을 걸어갈 수 있다.

시간이 내 편이기를, 내가 원하는 것을 간절히 바라며 기다리면 세상은 아주 가끔 그것을 무심히 던져주기도 하지만, 실제로는 내 욕망이 달라지는 경우가 더 많다. 그러니 시간 앞에서는 어떤 것도 장담할 수 없다. 시간은 나 자신이든 다른 누구든 완전히 다른 곳으로 옮겨놓을 수 있는 강한 힘이 있다.

—

안타고니스트의 힘 키워주지 않기

반동 인물(antagonist)이란 주인공의 일을 방해하는 사람을 일컫는다. 장발장에겐 잔혹한 경찰 자베르가 있고, 햄릿에겐 아버지를 살해한 숙부 클라우디우스가 있다. 주인공이 고난을 겪을수록, 원하는 바를 이루어가는 과정이 험난할수록 스토리는 더욱더 흥미진진해지기 때문에 반동 인물의 역할은 언제나 주인공 못지않게 중요하다.

물론 현대소설에서는 꼭 이렇게 뚜렷한 역할을 수행하는 반동 인물이 반드시 등장하는 건 아니다. 영국에서 소설 작법을 가르치는 콜린 불먼은 반동 인물의 의미를 확장한다. 반동 인물은 주인공에게 적대적인 특정 인물이 아니라『호밀밭의 파수꾼』에서처럼 세상 사람 전체일 수도 있고, 필립 로스의『네메시스』에서처럼 나 자신의 양심일 수도 있다.

흥미롭게도 주인공의 소망이 간절해질수록 반동 인물의 힘도 강해진다. 장발장이 도망치지 않으면 자베르도 그를 쫓을 이유가 없다. 홀든 콜필드 역시 세상을 거짓과 위선과 속물로 가득한 곳으로 인식하기에 지긋지긋한 세상과 싸우다 패배한다. 한쪽으로 가해지는 힘이 강하면 반대 방향으로 향하는 힘도 그만큼 강해진다. 그게 바로 모든 물리적 세계에서 적용되는 작용 반작용의 법칙이다. 모든 소설은 실패담이며 소설 속 실패담은 낭만적이고 때론 영웅적이기까지 하다. 그렇기에 때에 따라 소설 속 주인공과 나 자신을 동일시하며 감정이입 하기도 하지만, 더 은밀한 속내에서는 우리가 실제 그 소설 속 인물은 아니기에 마음 놓고 실패의 이야기를 즐길 수 있는 것이다.

현실을 살아가는 우리는 소설 속 주인공처럼 실패의 낭만에 젖어서는 안 된다. 아니, 어차피 실패할 일은 널렸으니 실패하더라도 계속 살아가야 한다. 그러기 위해선 반동 인물의 힘을 키워주면 안 되는데, 방법은 간단하다. 앞에서 얘기한 것처럼 간절한 소망이 문제다. 무언가를 간절히 바라는 마음만 줄이면 반동 인물은 여간해서는 힘을 쓰지 못한다. 여느 자기계발서의 말처럼 간절히 바랄 게 아니라, 그런 마음 없이 담백하게 내가 가야 할 길을 가면 된다. 그러면 생각보다 많은 문제가 저절로 해결된다.

우리가 무엇을 하건 그 일을 가로막는 저항은 반드시 뒤따른다. 하고자 하는 힘이 강할수록 저항도 강해진다. 부모가 결혼을 반대하면 두 사람의 관계는 더욱 끈끈해진다. 하루빨리 부자가 되고 싶어 무리하게 투자하면 결과는 보나 마나 쪽박이다. 운동선수들도 더 잘하고 싶은 마음에 힘이 들어갈수록 정확도가 떨어지거나 타이밍을 놓친다. 심하면 부상을 당하기도 한다. 우리는 원하는 것을 얻기 위해 많은 에너지를 쏟지만, 그것을 제대로 다루지 못하면 우리가 만드는 에너지가 도리어 우리가 하는 일을 방해하는 반작용의 힘만 키울 뿐이다. 가만히 한번 생각해보라. 의욕이 과해서 일을 그르친 경험이 당신에게도 있지 않은가.

3년 6개월간의 팀장 생활의 끝을 앞두고 나는 나도 모르는 사이에 한껏 조급해져 있었다. 내 걱정만 하면 되는데, 나의 다음 스텝만 고민하면 되는데 필요 이상으로 내가 사라진 뒤에 남을 팀과 팀원들을 걱정했다. 초조해진 나는 이전보다 심하게 팀원들을 다그치기 시작했다. 특히 나를 이어 팀장이 될 친구를 들들 볶았다. 작은 실수도 넘어가지 않고 비난했고 도저히 빠져나가지 못할 곳으로 몰아붙였다. 나를 위한 게 아니라 그를 위한 것이자 팀을 위한 행동이라 생각했지만 결과적으로 아무에게도 도움이 되지 않는 내 욕심이었다. 잘못 쏟아진 내 에너지는 반작용의 힘만 더 키웠고 나에게 불만조차 제대로 표현하지 못한 그 친구는 퇴사까지 생각할 정도로 힘들어했다.

그나마 다행인 건 내가 뒤늦게나마 내 잘못을 깨닫고 진심으로 사과하며 당시 내가 했던 생각을 솔직히 다 털어놓고 용서를 구했다는 것이다. 간절함을 내려놓고 모든 일이 자연스럽게 흘러가도록 길을 터주자 반작용의 힘은 사라지고 에너지는 다시 균형을 되찾았다. 한껏 긴장감이 팽팽했던 팀 분위기도 원래의 활기를 회복했다.

세상일은 절대 내 마음대로 되지 않는다. 우주의 기운이 있는지 없는지는 모르지만 어쨌건 내가 뿜어내는 기운 역시 우주의 기운과 조화를 이루어야 한다. 그래야 나라는 인간의 정체성이 나보다 강한 반동 인물의 힘에 잡아먹히지 않는다. 간절하게 소망하고, 위험을 무릅쓰고 도전하고, 치열하게 싸우다 끝내 실패하는 소설 속 인물들은 분명 근사하다. 하지만 내 인생은 그렇게 흥미진진하고 멋질 필요가 없다. 그냥 내가 좋아하는 나로 살 수 있도록 내가 좋아하는 일을 하고, 내가 좋아하는 사람을 만나며, 시간을 내 편으로 만드는 것이 백번 낫다.

원하는 것이 있다면 절대 간절해지지 말자. 반동 인물의 힘을 키워주지 말고 자연스럽게 내가 할 수 있는 것만 하자. 그리고 시간의 힘을 믿고 기다리자. 내 삶은 아무도 읽지 않는 재미없는 소설이 될지 모르지만, 내가 좋아하는 내 정체성으로 사는 삶은 그제야 비로소 시작된다.

내가 좋아하는 나로 살아봅시다

8장

나에게서 벗어나
타인을 향한 모험 떠나기

시늉만으로는 아무것도 바뀌지 않는다.
바뀌려면 무엇보다 먼저 제대로 알아야 한다.
혼자만의 생각에 갇혀 자기 보고 싶은 대로만 보는데
어찌 시늉하는 수준을 뛰어넘을 텐가.
모르는 것을, 모르는 사람을 알아갈 때만
최소한 나를 바꿀 계기를 마련할 수 있다.

한 달간의 휴식에서 깨달은 것

2015년 가을, 나는 6년 가까이 다니던 회사를 그만두고 제주도로 향했다. 안정적인 회사에서 안정적으로 자리를 잡고 있었고 퇴사를 만류하던 상사도 있었지만 나는 주저하지 않았다. 나름 애사심도 컸고 더 좋은 곳을 찾기 어려울 거라는 두려움도 일었지만 과감히 결단하고 회사를 떠났다.

아무리 계산해봐도 내가 쉴 수 있는 최대한의 기간은 한 달이었다. 나는 혼자 벌었고 내겐 아내와 아들이 있었다. 월급이 두 달 동안 들어오지 않으면 야단날 것 같았다. 간신히 마련한 소중한 한 달을 의미 있게 보내야 했다. 여느 때처럼 집에 머물면 한 달이 순식간에 사라질 게 뻔했다. 어디로든 떠나야 했는데 가장 만만하면서도 집에서 멀리 떨어진 곳이 제주도였다. 우리 세 식구는 제주도 한 달 살기에 도전했다.

그때 나는 잘만 다니던 회사를 왜 그렇게 떠나고 싶었을까?

회사를 다니는 내내 9 to 6를 거의 정확히 지켰을 정도로 근무 강도가 세지도 않았고, 같이 일하기 싫은 사람 하나 없었으며, 연봉이나 복지 등도 내겐 제법 만족스러운 수준이었는데 말이다.

당시 내게 퇴사 이유를 묻던 선배나 동료에게 나는 상대에 따라 각기 다른 답을 했다. 그들이 원하는 답을 나름대로 찾아 그 답을 들려줬다. 모두 부분적으로는 거짓이었고 부분적으로는 진실이었다. 그런데 6년이 지난 지금 와서 돌이켜 보니 이제야 그 이유를 분명히 알 것 같다. 내가 견디지 못한 건 다름 아닌 권태였다.

더 이상 배울 게 없다는 느낌, 어느 순간 성장이 멈췄고 계속 다녀봐야 더 성장하지 못할 것 같다는 느낌이 나를 지배했다. 회사는 충분히 좋았지만 나는 그때의 나로 만족할 수 없었다. 권태의 시기가 얼마간 이어졌고, 나는 성장을 자극하는 조직을 찾고 싶었다. 이렇게 계속 나에게 갇혀 있으면 절대 안된다는 불안감이 나를 퇴사로 내몬 것이다.

물론 당시에는 한 달 뒤에 가게 될 새로운 조직보다 모처럼 가진 한 달간의 꿀맛 같은 휴가를 더 기대했다. 어떤 이유로든 나는 지쳐 있었고 재충전이 절실했다. 가족 외에는 나를 아는 사람이 없는 제주도에서 바람을 맞으며 걷고, 책을 읽고, 글을 쓰는 시간을 만끽하고 싶었다.

육아에 지친 아내에게도 나만큼이나 휴식이 필요했으므로 우리는 '따로 또 같이'의 정신에 충실한 일상을 누렸다. 3분의 1쯤은 내가 혼자만의 시간을 갖고 아내가 아이를 돌봤고, 또 3분의 1쯤은 아내가 혼자만의 시간을 보내고 내가 아이를 돌봤다. 그리고 나머지 3분의 1은 우리 세 식구가 함께 시간을 보냈다. 당연히 모든 시간이 내겐 다시 오지 않을 행복이었다. 회사에서 도망쳐 가까스로 만든 한 달이라는 시간 덕분에 모처럼 제대로 아빠 노릇과 남편 노릇을 했고, 그 이상으로 나 역시 혼자만의 달콤한 시간을 누리며 미뤄뒀던 많은 일을 할 수 있었다.

비록 한 달이라는 짧은 기간이었지만 나는 권태에서, 그리고 소진되었다는 느낌에서 완전히 회복했다. 단순히 출근하지 않고 일을 하지 않는 데서 비롯한 게 아니었다. 권태를 극복할 수 있었던 건 새로운 맥락이었다. 일시적이나마 나는 다른 내가 되었다. 아내와 아이와도 다른 관계 설정을 하게 되었고, 하루를 보내는 패턴도 달라졌으며, 내 머리가 신경 쓰고 집중하는 대상도 크게 달라졌다. 새로운 환경이 새로운 맥락을 만들고, 새로운 맥락이 새로운 나를 만들었다.

생각해보면 회사에 다니기 전에는 권태로울 일이 없었다.

학창 시절에는 매년 새로운 반에서 낯선 친구들과 처음부터 다시 관계를 맺었고, 그나마도 3년 만에 졸업하고 다른 학교로 진학했다. 대학교에서는 관계를 만드는 경우의 수가 훨씬 더 복잡하고 다양해진다. 중간에 휴학도 하고, 군대에도 다녀오고, 학과와 동아리를 저울질하며 마음 붙일 곳을 정하고, 적당히 미래를 두려워하고 기대하며 압축적인 시간을 보낸다.

그에 비해 직장 생활은 얼마나 단조로운가. 3년쯤 지나면 일도 익고, 사람도 익고, 요령도 생긴다. 5년쯤 지나면 여기서 배울 건 다 배운 듯한 착각에 빠진다. 그렇게 대단해 보였던 상사에게도 한계가 있음을 알게 되고 그의 답답한 면까지 눈에 보인다. 머리가 커진 만큼 내가 판단하고 내가 책임지고 싶은 일도 하나둘 생기는데 여전히 내가 맡은 업무는 꼬꼬마 시절에 하던 일과 별반 다르지 않다. 그러니 시간이 흐를수록 권태로울 수밖에.

내게 제주도 한 달 살기는 그런 권태를 타파하는 소중한 경험이었다. 도망의 본질을 더 깊이 생각해보는 기회도 되었다. 힘들어서 도망친 게 아니었지만, 그보다 더 절실히 도망칠 이유가 있었다. 그 이유는 도망치고 나서야 한결 선명하게 보였다. 그렇다면 권태로울 때마다 도망치는 삶을 살아야 하는 걸까. 그러면 평생 도망치듯 살아야 하는 건 아닐까. 그런 의문이 생기는 것도 당연하고 실제 그래야 할는지도 모르지만, 다만 확실한 것은 미리 걱정할 필요는 없다는 것이다.

———

타인의 호소에 전념하는 삶

5장에서 언급했듯 인생은 고통 아니면 권태다. 사람은 고통 때문에 도망치기도 하지만, 권태 때문에도 도망친다. 프랑스 현상학의 아버지 에마뉘엘 레비나스가 지적한 바도 이것이다. 나는 영원히 나로 살 수밖에 없으니까 우리는 자기 자신에게 싫증을 내지 않을 수 없고, 바로 이런 '자아'와 '자기'의 지나친 연루가 권태의 원천이 된다는 얘기다.

그렇다면 우리는 어떻게 나에게서 벗어날 수 있을까. 우선 레비나스는 세 가지 가능성을 먼저 제시하고 각각의 한계를 지적한다.

먼저 참여다. 이른바 강한 소속감은 나를 잊게 만든다. 국가 대표 축구팀을 응원할 때, 특정 정치인이나 정당의 선거 승리를 기원할 때, 강한 애사심이나 애교심으로 똘똘 뭉칠 때 개인으로서의 나는 사라진다. 대선이나 월드컵 같은 대형 이벤트를 떠올리면 이해하기 쉽다. 하지만 특정 집단에 참여하는 일은 필연적으로 이에 속하지 못한 타자를 배척하고, 언제든 전체주의로 흘러갈 수 있다는 한계가 있다.

두 번째는 향유다. 쉽게 말하면 완전히 몰입하는 상태다. 너무 맛있는 것을 먹거나 재미있는 영화를 볼 때 혹은 사랑하는 사람과 행복한 시간을 보낼 때 우리는 나를 완전히 잊는다. 물론 이런 경험은 모두 일시적이다. 잠깐은 나에게서 벗어나겠지만 우리의 의식은 금세 정신을 차린다.

세 번째는 죽음이지만, 죽음을 경험해볼 수는 없다. 나에게서 벗어나게 해주는 듯했던 참여, 향유, 죽음은 모두 저마다 지닌 한계 때문에 우리가 찾던 답과는 거리가 멀다. 다른 방법으로는 뭐가 있을까? 레비나스는 '출산'과 '타자의 얼굴'이라는 두 가지 대안을 제시한다.

누군가 그랬다. 나에게서 말미암아 새 생명이 태어나는 출산만이 우리 인간이 신과 비슷해지는 행위라고. 우리가 낳은 아이는 나에게서 비롯한 타인이고, 내가 죽은 후에도 세상에 남아 내가 보지 못하는 미래를 보는 나와 연결된 존재다. 한마디로 내 아이는 나를 벗어난 나라고 할 수 있다.

두 번째 대안이 '타자의 얼굴'인데, 사실 레비나스가 가장 중요하게 생각한 개념이 바로 이것이다. 타자는 우리가 결코 이해하지 못하는 상대지만, 그들은 항상 어떤 얼굴로써 우리에게 무언가를 호소한다. 그리고 타자의 호소에 어떻게 응답하느냐에 따라 나에게서 벗어날 실마리가 생긴다. 어렵게 말할 것 없이 이타성이나 윤리성이라고 표현해도 된다. 나와는 아무런 상관도 없는 완전한 타인을 위해, 그들의 얼굴이 호소하는 무언가를 위해 어떤 행동을 한다는 것, 거기에서 우리는 나를 벗어날 하나의 가능성을 만나게 된다.

나에게 전념하기를 잊고 타인의 호소에 전념하기. 먼 훗날 내가 없이도 살아 있을 수많은 타자를 위해 내가 할 수 있는 일을 지금 하기. 그런 삶만이 '자아'와 '자기'의 지나친 연루를 끊어내고 권태가 끼어들 틈 없는 하루하루를 살아가게 한다.

타인의 호소에 전념하는 삶이라, 과연 그런 삶이 진짜 가능하긴 한 걸까. 물론 우리는 일면식도 없는 낯선 사람의 고통에도 민감하게 반응하고 연민의 눈물을 흘리기도 한다. 하지만 그와는 비할 바 없이 많은 시간을 나의 욕망과 의지가 호소하는 데 전념한다. 권태를 이기기 위해선 나에게서 계속 조금씩 벗어나야 하는데 사람들은 점점 더 나에게 갇히는 쪽으로 살아간다.

타인의 호소에 전념하는 삶은 결코 쉽게 허락되지 않는다. 그렇게 살기로 단단히 각오한 사람조차 결국 실패하고 좌절하는 경우가 많다. 이창래 소설 『척하는 삶』의 주인공 프랭클린 하타의 삶을 살펴보자. 은퇴한 70대 노인인 하타는 2차 세계대전 당시 한국인 위안부를 관리하는 일본인 군의관으로 일한 전력이 있다. 그는 그 시절 겪은 상처와 아픔을 여전히 끌어안고 살아간다.

당시 그는 K라는 한국인 위안부를 사랑하고 그녀를 지키겠다고 다짐하지만 끝내 그러지 못했다. 물론 하타에게는 고작 아픈 러브스토리일지 모르겠지만, K에게 하타는 조금 더 친절하고 말이 통하는 가해자에 불과했다. 하타는 전쟁에 관해 아무것도 모르는 풋내기였다고 어린 시절의 행위에 대해 거듭 변명하지만 그런 말로는 자신이 느끼는 죄책감을 온전히 다스릴 수 없다.

군의관 시절 그는 K의 고통스러운 호소에 제대로 응답하지 못했다. 그리고 그에 대한 죄책감으로 평생 속죄하는 삶을 살았다. 모두 과거의 자기 자신에게서 벗어나기 위함이었다. 그는 한국에서 딸을 입양했고 최선을 다해 좋은 아빠가 되려고 노력했지만, 딸은 그에게서 사랑을 느끼지 못한다. 뒤늦게 찾아온 사랑인 메리 번스와의 관계에서도 마찬가지 패턴이 반복된다. '타인의 호소에 전념하는 척하는' 그의 삶은 슬프게도 자신이 정말 소중하게 생각하는 사람에겐 효과를 발휘하지 못한다.

하타는 악인이 아니다. 그 역시 전쟁이 낳은 피해자였다. 원치 않는 일을 해야 했고 사랑하는 여자도 지키지 못했다. 전쟁이 끝난 후에는 최선을 다해 좋은 아버지, 좋은 이웃, 좋은 사람이 되기 위해 애썼다. 그런 노력을 누가 감히 위선이라는 간단한 말로 깎아내릴 수 있을까. 타인을 위한 삶을 살려고 한 것이 그 나름의 속죄 방식이었겠지만, 그럼에도 속죄는 불가능했다. 그의 삶은 끝내 용서받지 못했다.

역사는 개인을 그냥 내버려 두지 않는다. 선한 의지와는 상관없이 누구라도 언제든 죄를 지을 수 있다. 거창하게 역사라고 말할 필요도 없다. 군대에서, 학교에서, 회사에서 우리는 크고 작은 윤리적 시험대에 오른다. 그만큼 우리 삶은 부서지기 쉽다. 하타와 마찬가지로 우리 모두 각자의 '척하는 삶'을 살고 있는지도 모른다. 누군가를 위하는 척, 타인의 고통에 공감하는 척, 세상에 기여하려 하는 척하며 살고 있지 않은가?

시늉만으로는 아무것도 바뀌지 않는다. 바뀌려면 무엇보다 먼저 제대로 알아야 한다. 혼자만의 생각에 갇혀 자기 보고 싶은 대로만 보는데 어찌 시늉하는 수준을 뛰어넘을 텐가. 모르는 것을, 모르는 사람을 알아갈 때만 최소한 나를 바꿀 계기를 마련할 수 있다.

그래서 나는 어느 자기계발서에서 읽은 "한 번도 생각해보지 않았던 제안을 받으면 무조건 승낙하라"라는 조언을 허투루 받아들이지 않았다. 해보지도 않고 아는 척하는 태도로는 나에게서 한 발자국도 벗어나지 못할 것 같았다.

물론 타인에 관해 안다는 것이나 타인을 경험한다는 것은 이보다 훨씬 어려운 일이다. 하지만 어렵다고 손 놓고 있지만 말고 타인을 이해하기 위해 한 걸음 더 가까이 다가가고, 더 잘 듣기 위해 귀를 기울이자. 지금도 우리를 향해 얼굴을 내보이며 무언가를 호소하는 타인이 있다. 타인의 시선을 지옥이라고 인식하는 것도 따지고 보면 타인의 얼굴을 제대로 바라보고 이해하지 못했기 때문이 아닌가.

어쩌면 모든 힌트는 그 타인의 시선에 있는지도 모른다. 타인의 얼굴이, 그 시선만이 우리를 자아라는 지옥에서 구원할 수 있다.

—

내가 경험하지 못한 무언가를 경험한 사람

영국의 역사철학자 시어도어 젤딘은 『인생의 발견』에서 한 가지 중요한 삶의 방식을 제안한다. 그는 선언적으로 말한다.

나는 안주할 틈새를 찾으려 하지도 않고 그렇다고 나의 진정한 열정 혹은 재능이 무엇이냐는 물음으로 끊임없이 나 자신을 괴롭히지도 않을 것이다. 그저 인간에게 주어진 경험을 한 조각이라도 맛보는 데 목표를 둘 것이다. 내가 직접 경험할 수 없다면 내가 가보지 못한 곳에 가본 사람들에게 이야기를 들으며 상상하고 싶다. 내 앞에 놓인 모든 선택을 경험해보지 못한다고 좌절하지도 않고, 아득히 멀리 있거나 구미에 맞지 않는 것을 무시하기보다는 다른 사람의 경험에서 흥미를 발견하는 데서 출발할 것이다.

조금 과장해서 말하면, 나는 인생에서 진짜 중요한 말은 여기에 다 있다고 생각한다. 우리 마을 밖에 뭐가 있고, 바다 건너에는 뭐가 있으며, 하늘 위에 뭐가 있는지 모두 알고 있다고 믿어버린 지금 우리 시대에는 아무도 바깥을 향해 시선을 돌리고 모험을 떠나지 않는다. 충분히 발견되지 않은 건 우리 자신뿐이기에 다들 몰랐던 나를 찾기에 여념이 없다. 모든 미디어가 입이 닳도록 말한다. 우선 나 자신을 이해해야 한다고, 내 꿈이 뭔지, 내가 무엇을 좋아하는지, 무엇을 잘할 수 있고 무엇을 가치 있게 생각하는지 알아내야 한다고 외친다.

하지만 젤딘이 지적하는 바와 같이 나를 향한 질문은 나를 괴롭히는 것에 지나지 않는다. 나에 대한 답은 절대 내 안에 존재하지 않는다. 중요한 것은 모두 밖에 있다. 우리는 경험해야 하고 내가 경험하지 못한 것을 경험한 다른 사람의 이야기에 귀 기울여야 한다. 우리 시대의 가장 위대한 모험은 타인을 발견하는 일이다.

이런 생각 하나만으로 모든 것이 달라진다. 타인을 발견하는 모험을 떠나는 사람에게 타인은 더 이상 수단이 아니다. 나와 사랑을 주고받기 위해, 쓸쓸한 날 술잔을 기울이기 위해, 비즈니스를 위해, 내 삶에 도움이 되는 어떤 효용을 위해 존재하는 사람이 아니다. 타인은 그저 내가 경험하지 못한 무언가를 경험한 사람으로 존재한다. 한 사람 한 사람을 만날 때마다 우리는 새로운 세계를 발견하고 그럴 때마다 우리는 조금씩 나에게서 벗어나는 삶을 살 수 있다.

정현종 시인도 「방문객」이란 시에서 사람이 온다는 건 실은 어마어마한 일이라고, 그의 과거와 현재와 미래가 함께 오는 것이며 한 사람의 일생이 오는 거라고 말했다. 실제로 만나는 사람이 달라지면 나의 세계와 나의 정체성도 달라진다. 새롭게 만나는 사람에게서 무엇을 발견하느냐에 따라 나는 얼마든지 다른 내가 될 수 있다. 그것이 바로 타인과 내가 주고받는 영향력이다.

요나스 요나손의 소설 『창문 넘어 도망친 100세 노인』의 알란 칼손도 바로 이런 정신으로 일평생을 위대한 모험가처럼 살았

나에게서 벗어나 타인을 향한 모험 떠나기

다. 새로운 세계와 낯선 타인을 향한 호기심은 그를 잠시도 한자리에 머물러 있게 하지 않았다. 그가 어려서부터 특별히 관심을 보인 분야는 폭탄 제조였다. 혼자서도 폭탄을 만들고 실험을 거듭하다 결국 생계를 꾸려나가기 위해 다이너마이트 소재를 다루던 회사에 입사한다. 폭탄 전문가로서의 그의 커리어가 본격적으로 시작되는 시점이다.

알란 칼손은 기회만 닿으면 다른 세계로 진입하는 데 주저하지 않았다. 처음에 그는 회사 동료를 따라 좌파 인민군 진영에서 폭탄 전문가로 활약하지만, 우연히 프랑코의 생명을 구한 인연으로 우파 파시스트 편에 서기도 한다. 그다음에는 미국에서 핵무기를 개발하는 데 결정적인 기여를 하고, 반대로 소련으로 건너가 스탈린과 파티를 벌이기도 한다. 한때 프랑코와 친하게 지냈다는 이유로 블라디보스토크에서 강제노역형을 살고, 목숨을 걸고 탈출해 한국전쟁 당시 평양에 머물며 김일성, 김정일과 만난다. 그 밖에도 중국, 인도네시아, 이란, 프랑스 등으로 이어지는 그의 여정은 거칠 것이 없다.

현대사의 결정적인 고비마다 등장하느라 삶은 고난의 연속이었지만 그는 낙천적인 태도와 새로운 세계에 대한 호기심으로 늘 깨어 있는 삶을 살아냈다. 그랬기 때문에 100세가 되던 생일날에도 양로원 창문을 넘어 도망칠 수 있었고, 여러 낯선 타인을 친구로 만들며 다시 한번 새로운 모험에 나설 수 있었다.

알란 칼손은 단 한 번도 거창한 목적의식을 갖고 자신의 삶을 희생하지 않았다. 엄마가 입버릇처럼 이야기한 "세상만사는 그 자체일 뿐이고, 앞으로도 무슨 일이 일어나든 그 자체일 뿐이다"라는 말을 인생의 좌우명처럼 삼았기 때문이다. 세상만사를 그 자체로 보는 사람은 어려울 일이 닥쳐도 불평하는 대신 그냥 받아들인다. 새로운 경험을 하고 모험을 떠나는 데도 두려움이 없다. 이런 사람은 늙는 법도 없다. 그는 나이가 몇이든 새로운 외국어 공부를 시작하는 걸 조금도 주저하지 않았다. 그런 태도로 평생을 살아왔으니 그의 100년 인생은 그 안에 뭐가 있는지 알 수 없는 럭키 박스처럼 지루할 틈이 없었다.

나도 그렇지만 사람들은 나이가 들수록 만나는 사람이 줄어든다. 친구도 줄고 새롭게 만나는 사람도 많지 않다. 모험은커녕 손에 쥔 걸 놓칠세라 얌전히 살던 대로 살며 생기를 잃어간다. 나 자신에게 더 고립되는 삶을 살게 되는 것이다.

물론 타인을 향한 위대한 모험을 꼭 인간관계의 차원에서만 이해할 필요는 없다. 새로운 분야에 관한 공부도 마찬가지의 가치가 있다. 경험해보지 못한 세계를 향해 나아가는 모험의 일종으로 공부를 인식해야 한다는 말이다. 나에게 갇혀 답답한 기분이 들면 우선 창문을 넘고 보자. 그러고는 서점이든 도서관이든 가서 손에 잡히는 대로 책을 들춘다. 어제 봤던 사극 내용이 궁금하면 역사서 쪽을 기웃거리고, 토라진 애인의 마음이 궁금하면 심리서 쪽을 기웃거린다. 언젠가 스페인 여행도 가고 싶으니 전에 배워본 적 없는 스페인어 공부를 시작하는 것도 괜찮겠다.

아니면 아예 한 번도 생각해보지 않은 작곡 공부나 주식 공부에 도전해보는 것도 좋다. 낯선 분야를 경험하는 동안 무엇이 우리를 기다릴지는 아무도 모른다. 분명한 건 우리 인생이 조금 더 풍요로워지고 조금 덜 지루해질 거라는 사실, 나에게서 조금 더 벗어나 조금 덜 권태로워질 거라는 사실이다.

—

나는 공헌한다, 고로 존재한다

전 직장의 대표님이 직원들에게 자주 하는 말이 하나 있다. 타인이나 세상에 공헌하는 사람만이 성과를 낸다는 얘기인데, 메시지의 출처는 경영학의 아버지 피터 드러커다.

피터 드러커의 스승인 경제학자 조지프 슘페터는 죽기 직전 자신이 사회에 공헌한 것이 적었음을 후회하는 말을 피터 드러커에게 남겼다고 한다. 슘페터의 말에 크게 감화한 피터 드러커는 '어떻게 공헌할 것인가'를 인생 최대 과업으로 삼았다. 그리고 그는 이 문제를 깊게 고민하는 사람만이 자기 일에서 성과를 낼 수 있다고 봤다.

돈이 없어 늘 배고픈 상태로 어린 시절을 보낸 사람이 있다고 가정해보자. 그에겐 못 먹은 게 콤플렉스다. 이 콤플렉스는 단순히 성공해서 배불리 먹는 것만으로는 해소되지 않는다. 세상에 어떻게 공헌할지를 깊게 고민한 후에 다른 배고픈 사람을 배불리 먹게 할 때만 콤플렉스를 극복할 수 있다. 그런 질문과 답을 찾은 사람은 그 일을 해내고자 집중하고 몰입한다. 그 힘이 성과로 이어지는 것이다.

우리는 흔히 성취욕이 크고, 이기적이고, 자기의 장점에 집중하는 사람이 성과를 잘 낸다고 생각한다. 하지만 실제로는 그렇지가 않다. 자기 자신만을 생각하는 사람과 자기 가족을 생각하는 사람의 사고 레벨은 비교가 되지 않고, 자기 가족을 생각하는 사람과 회사 전체를 생각하는 사람의 사고 레벨도 차원이 다를 수밖에 없다. 공헌하고자 하는 범위가 넓을수록 훨씬 더 큰 성과가 필요하기 때문에 내가 하는 생각과 행동의 모든 초점이 훨씬 더 높은 곳에 맞춰진다.

가장 중요한 것은 내 콤플렉스를 먼저 이해한 후 비슷한 콤플렉스에 시달리는 사람들의 문제를 해결해주기 위해 노력하는 것이다. 나 혼자 잘살겠다고 시작한 사업가에겐 1인분짜리 그릇이면 족하지만, 세상에 공헌하고자 하는 사업가에겐 100인분짜리 그릇도 부족하다. 그릇이 다른 만큼 성과의 크기도 달라질 수밖에 없다.

피터 드러커의 생각이 슘페터에게서 왔다고 했는데, 슘페터의 생각은 아마 그보다 13년 일찍 태어난 심리학자 알프레드 아들러에게서 왔을 것이다. 『미움받을 용기』에서 강조한 바대로 아들러의 핵심 사상이 바로 공동체 감각이다. 아들러 심리학의 가장 중요한 가르침은 자기에 대한 집착을 타인에 대한 관심으로 바꾸라는 것이다. 가족, 학교, 직장, 국가 등 작은 집단 차원의 공동체가 아니라 추상적일지언정 더 크고 보편적인 차원에서의 공동체를 생각하라는 의미다.

각자 서 있는 위치나 자리에 따라 저마다가 감각하는 공동체는 천차만별이겠지만 어쨌건 시작은 자기에 대한 집착에서 벗어나는 것이다. 나를 주인공으로 생각하고 인생을 살면, 한마디로 에고이즘과 나르시시즘으로 가득한 사람이 되면 우리는 원하는 것을 얻기 어려울뿐더러 존재의 의미나 가치도 희미해진다.

그러니까 나에게서 도망친 우리가 다가가야 할 곳은 타인이다. 타인의 존재는 나의 존재만큼이나 절대적으로 가치 있고, 우리는 그 가치 있는 것을 지키기 위해 공헌해야 한다. 그럴 때만 우리는 지금 살아 있음을 느끼는 존재감을 가질 수 있고, 진정한 자존감을 가질 수 있다. 내 문제에 사로잡힌 채로 나에 대한 타인의 평가에만 집착하는 사람이 건강한 자존감을 유지하기란 불가능하다.

타인의 삶에 기여하겠다는 정신은 시간과 장소를 막론하고 끝없이 이어진다. 이 글에서만 봐도 '아들러→슘페터→드러커→대표님→나'로 이어지는 연결 고리를 확인할 수 있다. 이 연결 고리는 단순한 말장난이나 추상적인 언어의 나열이 아니다.

대표님의 콤플렉스는 출판이라는 업계 그 자체였다. 민주화에 앞장선 선배 출판인들에게 우리 사회가 빚을 진 측면이 있지만, 그들은 엘리트주의에 갇혀 대중과의 소통에서 점차 괴리가 벌어졌다. 게다가 후배 출판인들의 성장과 인재 양성에 투자하기를 소홀히 했고, 출판은 돈이 별로 안 된다는 사실을 내세워 자신들이 획득한 부를 직원들과 나누지 않았다.

그래서 대표님은 창업할 때 그런 출판업계의 콤플렉스를 극복하는 회사를 만들고자 다짐했다. 비즈니스로서의 출판을 바로 세우고, 교육과 인재 양성에 투자하고, 획득한 부를 분배하는 회사를 꿈꾸었다. 기존의 출판사가 국내외 유명 저자에게 앞다투어 비싼 선인세를 주는 전쟁을 벌이며 그들만의 리그를 만들 때, 대표님은 후배 출판인들을 비즈니스 리더로 키워내는 데 자신의 모든 경험과 역량을 쏟았고, 그 힘을 바탕으로 엄청난 성과를 만들며 회사를 급성장시켰다. 기존 출판업의 논리에 젖어 있는 사람들은 지나친 성과주의 혹은 상업주의라고 비난했지만, 회사가 만들어낸 모든 성과는 타인과 세상에 공헌하겠다는 의지 없이는 불가능한 것이었다. 실제로 수많은 출판 비즈니스 리더를 배출해내며 출판 업계 전체에 크게 기여했다.

내가 창업을 결심하고 실행에 옮긴 것도 다 대표님 덕분이다. 믿어줄지 모르겠지만, 팀을 이끌며 나는 결코 나 자신만을 생각하지는 않았다. 회사의 성장과 회사 구성원 전체를 위해 압도적인 매출을 올리고 싶었고, 나를 믿고 함께해주는 팀원들이 가능한 한 많은 인센티브를 받길 바랐다. 무엇보다 선배 출판인의 칭찬이나 인정을 바라는 '있어 보이는 책'이 아닌, 독자들의 삶에 실질적인 도움이 되는 책을 만들고 싶었다. 대표님이 그랬듯이 나 또한 타인과 세상에 공헌하고 싶은 마음으로 성과를 만들었고, 결국 내 출판사를 차릴 용기까지 냈다.

개인심리학을 창시한 아들러와 무엇보다 성과를 강조한 피터 드러커가 서로 다른 이야기를 하는 게 아니다. 이기적이고 욕심 가득해 보이는 성과지상주의와 타인을 위해 공헌하고자 하는 공동체 감각이 서로 동떨어진 게 아니다. 모든 건 자기에 대한 집착을 타인에 대한 관심으로 돌릴 때 가능해진다. 그러니 나에게서 도망쳐 타인에게로 달려가자. 내가 세상에 어떻게 보일지 고민하지 말고 내가 세상에 어떻게 공헌할지를 고민하자. 여기에서 비롯한 성과가 우리 삶에 의미를 만든다. 절대자가 존재하지 않는 현대사회에서 이보다 더 우리 삶을 의미 있게 하는 게 또 뭐가 있겠는가.

나에게서 벗어나 타인을 향한 모험 떠나기

모든 깨달음은
결국 타인을 향할 때 가치 있다

9장

삶의 존엄성을
지키기 위하여

우리 인생에 돈보다 중요한 건 많지만,
돈처럼 집요하게 우리 삶 구석구석에
영향을 미치는 건 없다.
그러니 언제나 돈 앞에서
이성의 끈을 놓지 않기 위해 노력할 필요가 있다.
삶의 존엄성을 지킬 수 있는지 여부도
이 문제에 달려 있다.

—

Stupid, it's money!

시인이자 비평가이자 소설가인 김팔봉(본명 김기진)은 1920년대 사회주의문학운동인 '카프 문학'을 주도한 문인으로 잘 알려져 있다. 일본 유학 시절부터 관심을 가졌던 계급 문제와 노동 문제를 문학작품을 통해 구현하고자 한 것이었는데, 작품성도 크게 인정받아 등단 1년 만에 문단에서 제법 잘나가는 스타 작가 대접을 받았다.

문단에서는 승승장구하는 그였지만, 사실 그가 하는 일이 돈이 되는 건 아니었다. 결혼 후에도 살 집이 없어 이 집 저 집을 전전하다가 끝내 더 버티지 못하고 아내를 친정으로 떠나보냈다. 돈을 벌어 안정적으로 아내와 함께 살 수 있을 때까지 잠시 떨어져 지내자는 계획이었으나 기약 없는 일이었다. 그래서 그는 취업을 결심한다. 신문사 기자가 되어 월급을 받기로 한 것이다. 바로 여기서부터 그의 딜레마 가득한 삶이 시작된다. 문학작품에서는 자본주의를 신랄하게 비판하면서 실제 삶에서 그는 돈을 벌기 위해 할 수 있는 모든 것을 다했다.

기자 생활, 정어리 공장 설립, 금광 찾기, 잡지사와 인쇄소 설립, 주식 투자 등 직접 뛰어든 분야도 상상 이상으로 다양하다. 지금으로 치면 마스크가 유행하니 마스크 공장을 차리고, 비트코인이 뜨면 비트코인을 사고, 동학개미운동이 일어나면 주식 투자에 뛰어드는 식이다. 카이스트 전봉관 교수는 자신의 저서 『럭키경성』에서 그의 이중생활을 이렇게 분석한다.

> 백면서생 김기진이 금광을 하러 나선 이유는 궁핍이 아니라 허무 때문이었다. 자본주의사회를 알면 알수록 문단이나 신문사가 주는 얄팍한 권력과 명예가 하찮게 다가왔다. 세 치 혀로 아무리 야유하고 비판해도 세상은 꿈쩍도 하지 않았다. 자본주의사회를 비판하면 할수록 흔들리는 것은 세상이 아니라 자신의 마음이었다.

하지만 그의 도전은 대부분 실패한다. 초반에 반짝 돈을 벌기도 했지만 그뿐이었고 결국 망해서 모두 털고 나오는 식이었다. 궁핍한 생활을 한 건 아니었으나 그가 그렇게 바라던 일확천금을 손에 쥔 부자는 되지 못했다. 그리고 광복 직전에는 친일을 했고, 광복 이후에는 반공을 했다. 그토록 문학을 사랑했던 한 사회주의자는 사업과 투자에 죄다 실패한 후 결국 친일파이자 반공주의자로 남았다.

대학 시절부터 김팔봉의 삶은 내게 일종의 '신탁의 예언' 같은 의미로 다가왔다. 나도 문학을 사랑했고 글을 쓰고 싶었지만, 또 자본주의에 대한 괜한 반감 같은 것도 갖고 있었지만, 조금만 방심하면 '고고한 척해봤자 결국 너도 나처럼 돈, 돈 거리게 될 거야'라는 목소리가 들려왔다. 그래도 서른까지는 제법 잘 버텼다. 돈보다는 내가 좋아하는 것을 좇았다. 졸업하고 출판사에 취업했고, 연봉을 낮추면서까지 내가 더 원하는 책을 만드는 회사로 자리를 옮겼다.

가끔 2011년 미당문학상 시상식 자리에 참석했던 날이 떠오른다. 당시 수상자였던 이영광 시인은 "나는 돈 벌러 지구에 오지 않았다"라는 말로 수상 소감을 마무리했다. 솔직히 너무 멋있어서 온몸에 전율이 일었다. 감동했다고 호들갑을 떨던 당시 스물여덟 살 사회초년생의 반응을 나보다 아홉 살 더 많은 상사는 한심스럽다는 듯 쳐다봤다. 그리고 10년이 흘러 2021년, 이제 내가 당시 그 상사보다 더 많은 나이가 되었다.

당연히 지금보다 훨씬 오래전부터 신탁의 예언은 이미 실현되고 있었다. 30대에 접어들 무렵 김광석의 〈서른 즈음에〉를 들으며 깨달았다. 서른이 되어 느끼는 서러움은 그저 나이를 조금 더 먹은 데서 오는 게 아니라 다 돈 때문이었음을 말이다. 멋있게 다른 말을 갖다 붙여서 설명할 수도 있겠지만, 본질은 돈 문제였다.

이전보다 훨씬 더 돈이 중요해지고 돈이 필요해졌다. 그렇게 서른을 넘어서며 나는 자본주의와 싸우는 대신 자본주의를 내 편으로 만드는 방법을 알아내려 애썼다. 김팔봉에게 '문단이나 신문사가 주는 얄팍한 권력과 명예'가 왜 그리도 하찮게 느껴졌는지도 절실히 깨달았다. 삶의 존엄성을 지키는 것도 결국 돈과의 관계 설정을 어떻게 하느냐에 달려 있음을 알아차렸다.

—

돈 앞에서 이성 찾기

자본주의의 룰을 하나씩 알아가고 그 룰대로 살아가는 건 생각보다 흥미로운 과정이었다. 기대 이상으로 적성에도 잘 맞았다. 이전과 달리 이직을 할 때도 연봉이 첫 번째 기준이 됐다. 어릴 때 생각했던 것과는 달리 그건 단순히 액수가 많고 적음의 문제가 아니었다. 돈을 더 주겠다고 하는 곳이 나를 더 필요로 하는 곳이었고, 나를 더 필요로 하는 곳일수록 내게 더 많은 기회를 주었다. 그리고 기회가 많은 직장일수록 더 신나게 일하고 더 많은 성과를 낼 수 있었다.

집을 고르는 문제도 마찬가지였다. 내 믿음과는 달리 집은 단순히 사는 곳이 아니었다. 집은 현금을 담는 커다란 그릇이었다. 집값이 오르는 게 아니라 현금 가치가 떨어지는 거였고, 인터넷이 발달하고 정보가 균등하게 공개될수록 똘똘한 집과 똘똘하지 않은 집의 격차는 벌어졌다. 내가 살고 싶은 집이 아니라 남들이 살고 싶은 집에 살아야 돈을 버는 게임이었다. 무주택자에게는 청약이라는 게임이 있었고, 다주택자에게는 레버리지, 임대업, 절세 등의 게임이 있었다. 나는 상황에 맞는 나의 게임에 충실히 임했다. 돈의 힘을 알게 되고 삶에서 돈이 얼마나 중요한지 알고 나니 다른 선택을 할 수 없었다.

업계 얘기도 좀 해보자. 내가 속한 성인 단행본 출판 사업은 크게 가치출판과 상업출판으로 나뉜다. 가치출판에서는 한마디로 가치 있는 책(?)을 낸다. 독자가 읽고 싶어 하는 책보다는 읽을 사람이 드물더라도 세상에 의미가 있는 책을 펴낸다. 주로 교수나 학자가 저술하고 판매에는 크게 신경 쓰지 않는다. 자기 수업 시간에 학생들에게만 팔아도 남는 장사다. 편집자들은 매출에서 비교적 자유롭고, 경쟁도 덜하고, 안정적이며, 직원들 사이에 연봉 차이도 크지 않다.

반대로 상업출판에서는 매출이 가장 중요하다. 편집자가 어떤 책을 기획하고 어떤 책을 만드느냐에 따라 회사의 운명이 갈린다. 당연히 베스트셀러를 많이 출간하는 편집자들은 그만큼 회사에서 대우받는다. 매출이 우선이기 때문에 매출만 만들어내면 누구에게 잘 보일 필요도 없고 상사의 갑질에 시달릴 이유도, 억지로 야근을 할 필요도 없다. 물론 성과를 내지 못하면 회사에 편히 다니기가 어렵다. 안정적이지 않고, 경쟁도 심하고, 직원들 사이에 연봉 차이도 크다. 인센티브도 차별적으로 주어진다. 심리적 압박과 박탈감이 따라올 수밖에 없다.

그러니 같은 일을 해도 완전히 다른 뇌 구조를 가지게 된다. 자신의 성향과 가치관에 따라 올바른 선택을 해야 하고, 자신과 맞지 않은 옷을 입고 있다는 걸 깨달으면 바로 도망칠 줄 알아야 한다. 나는 선택의 기로에 설 때면 항상 상업적인 쪽을 택했다. 돈 벌 기회가 그쪽에 훨씬 많았기 때문이다. 기회의 공정함 측면에서도 같은 결론을 내렸다. 평론가나 전문가의 호평에 목매는 것보다 대중에게 평가받는 것이 훨씬 공정하다고 믿었다. 일부 지식인의 지적 허영심을 만족시켜주는 것보다 일반 대중이 고심하는 구체적인 삶의 문제를 해결해주는 것이 훨씬 의미 있는 일이고 내가 더 잘하는 일이라 믿었다.

나는 이런 내 판단과 선택을 돈에 눈이 먼 것이라고 자기 비하하고 싶지도 않고, 그렇다고 거창한 명분을 들먹이며 애써 포장하고 싶지도 않다. 그저 당시의 내 삶에 필요한 합리적인 판단이 었다고 믿을 뿐이다. 그리고 앞 장에서 말했듯 내가 의도한 바대로 결과마저 좋으면 나뿐만 아니라 회사 구성원 모두에게 크게 기여하게 된다.

성과가 좋으면 내 활동 반경에 자유가 더해지고, 내 판단과 발언에 힘이 실린다. 회사 전체의 분위기가 좋아지고, 조직 구성원 누구든 실패를 두려워하지 않는 환경이 조성되며, 단기간의 성과에 연연하지 않고 장기적인 계획을 세울 수 있게 된다. 뭘 어떻게 속일 필요가 없으니 더 윤리적으로 일할 수 있고 인재 양성에도 더 힘쓸 수 있게 된다. 그런데 성과가 나오지 않으면? 한마디로 이 모든 것이 반대로 펼쳐진다. 생존을 위해 많은 것들이 무시될 수 있다.

출판 사업이라는 게 엄청난 기술이나 자본이 필요한 것이 아니기에 다른 분야보다는 제법 공정한 룰로 게임이 진행된다. 나역시 노력 없이 대박을 꿈꾸지도, 일확천금을 꿈꾸지도 않았다. 그저 대중에게 사랑받는 책을 만들어 회사의 성장에 공헌하고, 내가 기여한 만큼 돈을 벌겠다는 단순한 논리로 일해왔다.

앞에서도 슬쩍 말했지만 돈을 벌기 위해 노동에만 의존하지도 않았다. 자본주의에서 말하는 생산의 3요소가 토지, 노동, 자본 아닌가. 자본주의의 룰을 익히고 그대로 살아가기 위해서는 노동뿐 아니라 토지와 자본도 충분히 활용해야 한다. 조금만 공부하면 가진 돈이 얼마 없어도 이것저것 해볼 수 있는 게 많다는 사실을 알게 된다. 자본주의사회에서는 노동자 또한 노동자인 동시에 투자자로도 살아야 한다는 사실을 깨닫게 된다.

그래서 나는 투자에도 같은 마음으로 접근한다. 최대한의 합리성을 추구하여 스스로 룰을 만들고 그 룰을 지키기 위해 노력한다. 우선 요행을 바라지 않고 모르는 것엔 함부로 덤벼들지 않는다. 암호화폐처럼 잘 모르는 건 쳐다보지도 않았다. 운이 좋아 돈을 좀 벌어도 그렇게 번 돈은 훨씬 더 크게, 또 쉽게 잃는다는 걸 잘 알고 있다.

보수적이고 안정적인 수익을 목표로 삼으면 주식이나 부동산도 결코 어렵지 않고 위험하지 않다. 관건은 내가 정한 이 게임의 룰을 스스로 얼마나 지키는지 여부다. 조금만 방심하면 돈에 대한 욕심으로 판단이 흐트러지고 만다. 그럴 때는 커트 보니것의 풍자소설 『신의 축복이 있기를, 로즈워터 씨』를 읽는 게 도움이 된다.

1960년대 미국. 로즈워터가(家)는 남북전쟁 당시 무기 장사를 해서 엄청난 돈을 벌어들여 마침내 정계에까지 진출한 위세가 대단한 가문이다. 이 집안의 돌연변이인 엘리엇 로즈워터는 각종 기행을 일삼지만 개발과 자동화로 일자리를 잃은 가난한 사람들에게 상담을 해주고, 그들의 친구가 되어주고, 자신의 재산까지 아낌없이 퍼 준다. 세상이 이런 엘리엇을 가만히 둘 리 없다. 악덕 변호사인 노먼 무샤리는 엘리엇을 정신병자로 몰아 그의 재산을 가로채려 한다. 자식이 없는 그가 정신병자라는 것만 증명되면 로즈워터가의 재산은 먼 친척인 프레드에게 상속된다. 하지만 엘리엇은 고향의 모든 아이를 자신의 아들딸로 만들고 그들에게 상속권을 부여함으로써 모든 사람의 뒤통수를 때린다. 돈이 전부인 이 시대의 논리를 유쾌하게 뒤집어버리는데, 그 유머와 감동의 깊이가 대단하다.

꿀벌 이야기에서 꿀이 빠질 수 없는 것처럼 사람 이야기에선 돈이 빠질 수 없는 노릇이다.

이 소설의 첫 문장이다. 역시 커트 보니것은 인생을 알고 있다. 우리 인생에 돈보다 중요한 건 많지만, 돈처럼 집요하게 우리 삶 구석구석에 영향을 미치는 건 없다. 그러니 언제나 돈 앞에서 이성의 끈을 놓지 않기 위해 노력할 필요가 있다. 삶의 존엄성을 지킬 수 있는지 여부도 이 문제에 달려 있다.

—

우리를 자립하게 하는 일과 돈

『리스본행 야간열차』를 비롯해 여러 소설을 발표하기도 한 독일의 철학자 페터 비에리는 『삶의 격』이라는 책에서 일과 돈이 인간의 존엄성에 어떤 영향을 미치는지 설명했다. 요약하자면 일과 돈이 있어야 자립과 독립을 할 수 있고 자립과 독립을 할 수 있어야 삶의 존엄성을 지킬 수 있다.

일을 할 수 없다는 건 단순히 돈을 벌 수 없다는 사실과 더불어 누구에게도 공헌할 수 없다는 사실과도 이어진다. 앞 장에서도 살펴봤지만 공헌하지 못하면 스스로 존재감을 느끼기 어렵다. 누구에게도 도움이 되지 않는 쓸모없는 사람처럼 느껴지고 그런 부정적인 감정이 존엄성을 갉아먹는다.

돈이 없는 것도 마찬가지다. 돈이 없으면 누군가에게 기여하기는커녕 도움과 지원을 받아야 하는 상황에 처한다. 그리고 도움을 받는 순간 아무도 강요하지 않아도 우리는 스스로 을이 된다. 의존성이 높아지고, 경제적으로는 물론 심리적으로도 자립하기 어려워진다. 독자에게 냉정한 평가를 받고 매출을 올려, 나와 많은 동료의 임금을 우리 스스로의 힘으로 창출하는 상업주의가 정부 지원금과 평론가의 인정 등에 목매는 일보다 내겐 더

삶의 존엄성을 지키기 위하여

존엄하게 느껴진다.

한때 대학원 진학을 꿈꿨다. 문학을 공부하는 게 너무 좋았고, 평생 문학이라는 세계에 머물고 싶었다. 내가 이 세계에 단단히 매혹되어 있는 걸 알았기에 부모님도 속으로는 내키지 않았겠지만 어쨌건 내게 경제적 지원을 해주겠다고 약속했다. 나는 부모님 도움을 조금이나마 덜 받기 위해 국가나 학교에서 지원받으며 공부할 방법을 알아보았다.

지금은 어떤지 모르겠지만 당시 대학에서는 BK21 사업에 선정된 연구에 돈이 몰리고 있었다. 내가 다니던 대학 국문과에서는 한국어와 한국문학의 국제화를 꾀하는 연구를 진행해야 장학금을 받기가 수월했다. 꼭 BK21이 아니더라도 당시 교수님들이 연구 실적을 올리고 싶어 하던 일제 식민지 시기 근대문학을 연구해야 장학금을 받을 기회가 많았다. 문학을 사랑해 국문과 대학원에 진학한 한 선배는 자신이 문학이 아니라 한국 근대사를 전공하는 것 같다고 푸념을 늘어놨다. 그제야 깨달았다. 대학원에서라고 내가 진짜 하고 싶은 공부를 할 수 있는 게 아니라는 사실을, 경제적 지원을 받기 위해선 내가 원하는 공부가 아니라 국가나 학교가 원하는 공부를 해야 한다는 사실을 말이다.

경제적으로 자립하지 않으면 아무리 대단한 일도 의미를 잃었다. 선택을 하는 대신 선택을 당해야 했고, 돈을 지원하는 주체가 원하는 무언가를 달성하기 위해 스스로 수단이 되어야 했다. 이 사실을 깨달으며 나는 대학원 진학을 포기하고 졸업 후 바로 취업하는 쪽으로 마음을 바꿨다. 앞으로 무슨 일을 하건 경제적으로 자립하는 것이 우선이었다. 돈은 삶의 존엄성을 지키기 위한 기본 중의 기본이었다.

물론 돈에 대한 욕심은 여기까지여야 한다. 나를 자립하게 해주고 누군가에게 기여하기 위한 돈, 그러니까 더 상위 가치를 위한 수단으로서의 돈을 넘어 돈 그 자체에 집착하고 과도하게 욕심을 내는 순간 우리의 존엄성은 사라진다. 특히 그것이 누군가와의 갈등, 내 영혼과 인간성을 파는 잘못된 선택, 비윤리적인 행동 등으로 이어지면 더욱 그렇다. 돈이 목적이 되고 인간이 수단이 되는 순간 존엄성은 어디에도 존재하지 않는다.

집안 누군가에게 지원을 받아 굳이 일할 필요가 없는 사람을 보면 우리는 부러워한다. 하지만 그런 사람들 대부분은 매일 자기 내면에서 존엄성 문제로 전쟁을 치른다. 밖에서는 돈이 많은 척도 할 수 있고, 밥값쯤이야 시원하게 낼 수 있고, 누군가를 금전적으로 도와줄 수도 있지만, 결국 나에게 돈을 지원해주는 사람과는 의존적인 관계를 맺을 수밖에 없다. 또 자신의 능력과 존재 가치를 인정받고 싶은 마음이 시시때때로 불끈불끈 솟기도 한다.

이렇게 돈과 존엄성을 연결해보니 어디에서 도망쳐 어디로 갈 것인지에 대해 더 현실적인 차원에서 이야기할 수 있을 것 같다. 우리가 도망쳐 나와야 할 곳은 우리의 존엄성을 공격하는 상황이다. 일도 없고 돈도 없어 자립할 수 없는 상황, 나의 존재가 목적이 아니라 수단이 되는 상황을 모두 포함한다.

우리가 도망쳐서 나아가야 할 곳은 그것과 반대되는 상황이다. 일과 돈을 바탕으로 자립할 수 있는 상황, 나라는 존재가 수단이 아니라 그 자체로 목적이 되는 상황 말이다.

—

그 누구의, 그 무엇의 수단도 되지 마라

태어날 때부터 그 자체로 목적이 아니라 누군가의 수단으로 태어나는 존재가 있다. 바로 클론, 복제 인간이다. 물론 그들이 우리 현실에 실제 존재하지는 않는다. 하지만 유전자 복제 기술은 나날이 발전하고 있고 개나 원숭이 등 동물의 경우 복제 실험에서 벌써 여러 차례 성공한 바도 있다. 이미 문제는 기술이 아니라 윤리성인지도 모른다.

가까운 미래에 일어날지도 모르는 일이고 까다로운 윤리적 문제를 제기하는 이슈이므로 복제 인간이라는 소재는 오래전부터 영화나 소설에서 다양한 방식으로 다뤄졌다. 2017년 노벨문학상을 받은 가즈오 이시구로의 대표작 『나를 보내지 마』도 그 중 하나다.

헤일섬의 학생들은 술과 담배는 입에도 댈 수 없다. 식단 역시 엄격히 통제된다. 태어날 때부터 그렇게 교육받은 아이들은 조금도 저항하는 법을 모른다. 그저 조금 갑갑한 기숙학교처럼 보이지만 사실 이곳에는 엄청난 비밀이 숨어 있다. 이 학교에 다니는 학생들은 복제 인간으로, 인간이 필요로 할 때 장기를 제공할 목적으로 태어난 존재들이다. 그들의 건강이 철저히 관리되는 것도 이 때문이다. 그나마 행운인 것은 다른 지역의 클론들이 동물 사육당하듯 지내는 데 반해 헤일섬의 학생들은 나름 인간적인 대우를 받으면서 생활한다는 점이다. 물론 그들이 받는 교육은 철저히 장기 기증이라는 목적에 도움이 되는 선에서만 이뤄진다.

마이클 베이 감독의 영화 〈아일랜드〉 속 클론들과 달리 헤일섬의 클론들은 자신들의 존재 이유를 이미 알고 있고, 그럼에도 그 운명을 담담히 받아들인다. 〈아일랜드〉의 클론들은 탈출도 하고 인간과 싸우기도 하는데 『나를 보내지 마』의 클론들은 도망칠 생각조차 하지 않는다.

남의 이야기가 아니다. 우리가 어린 시절에 받은 교육 역시 따지고 보면 체제 유지라는 목적을 위해서만 이뤄졌다. 우리는 노동력을 제공하고, 착실히 세금을 내고, 기업이 만든 제품을 소비하고, 가정을 이뤄 노동력을 재생산하고, 심지어 국방의 의무까지 다해야 한다. 우리가 학교에서 받은 교육은 모두 이런 일을 충실히 해낼 수 있는 어른이 되기 위함이었다.

장기 기증처럼 끔찍한 목적까지는 아닐지라도 우리의 존재역시 목적이 아닌 수단에 가까울 때가 더 많을지도 모른다. 헤일셤의 학생들만큼이나 자유롭지 못하기도 했다. 그들과 우리가크게 다르지 않다는 사실을 깨달으면 별다른 저항 없이 순종하는 그들의 행동이 비로소 조금씩 이해가 된다.

『나를 보내지 마』의 클론들이 유일하게 희망을 걸고 있는 것은 진정한 사랑을 만나면 3년 정도 장기 기증을 미룰 수 있다는소문이다. 헛된 희망일지 모른다는 걸 알면서도 그들은 그 한 줄기 희망에 의지하여 무거운 미래를 버틴다. 성이나 사랑에 관해서는 아무것도 배운 적이 없기에 그들이 더듬거리며 찾아가는진정한 사랑은 더 슬프고 아름답게 여겨진다. 인간의 종교와 사랑 역시 그와 비슷한 게 아닐까? 그것만 있으면 구원받으리라는환상! 비록 환상일지라도 그것 없이 사는 삶은 얼마나 삭막한가.

이 사랑만 이뤄지면 모든 게 괜찮아질 거라는 믿음으로 사는사람은 아름답다. 그냥 그 세계에 갇혀 있는 게 더 아름다워 보이기도 한다. 〈매트릭스〉 속 세계가 바깥 세계보다 더 아름답듯이 말이다. 진실은 원래 더 추한 경우가 많다.

우리를 수단으로 삼는 누군가는 우리가 마냥 아름다움에 취해 있기를 바라고 있을 것이다. 도망치는 행위가 비겁하고 불필요하고 아름답지 않은 거라고 주입하는 까닭도 이 때문이다. 혜일섬의 학생들처럼 가르쳐주는 것만 배우지 말고, 남들이 살라는 대로만 살지는 말자. 우리는 다른 무언가를 위해 태어난 존재가 아니다. 누가 뭐라 해도 나라는 생명이 존재하는 것 이상의 목적은 아무것도 없다.

—

존엄성을 지키는 내 마음속 공정한 관찰자

현대사회에서 우리가 수단화되거나 타인을 수단화하는 건 대부분 돈 때문이다. 오늘날 우리의 정체성을 가장 뚜렷이 드러내는 말은 '소비자'다. 우리는 구매력을 갖춘 손님이 되어야만 의심 없는 친절과 호의를 누릴 수 있다. 우리가 노동하는 일터 안팎에서도 같은 일이 벌어진다. 영국의 젊은 슈퍼리치 롭 무어가 쓴 『레버리지』는 아예 노골적으로 타인의 시간과 재능과 노력을 이용해 돈을 벌라고 주문한다. 어쩌면 현대 자본주의사회에서의 성패는 타인을 수단화하느냐 내가 수단화되느냐에 달려 있는지도 모르겠다.

바로 이것이 존엄성을 지키기 어려운 이유다. 조금만 방심하면 나와 타인 모두를 돈을 벌기 위한 수단으로 여기는 삶을 살게 된다. 특별히 비윤리적인 선택을 하지 않더라도 말이다.

이런 때일수록 우리는 고전 경제학자 애덤 스미스의 말에 귀 기울일 필요가 있다. '보이지 않는 손'이란 개념을 제시해 자유주의 시장경제의 아버지로 불리는 그 애덤 스미스다. 하지만 여기서는 『도덕감정론』이란 책을 펴낸 도덕 철학자로서의 애덤 스미스에 주목하고자 한다. 하긴 애덤 스미스는 한 번도 스스로를 경제학자로 인식하지 않았을 것이다. 사실 그 시절엔 경제학이란 말조차 없었다.

18세기는 유럽에서 자본주의가 막 꽃피우던 시기다. 상업이 활발해지고 생산성이 비약적으로 높아지고 누군가는 그로부터 파생한 부를 축적하던 시기였다. 당연히 돈에 대한 인식도 이전과 다를 수밖에 없었다. 가진 게 많아질수록 더 가지고 싶어 하는 게 인간의 욕심이니까. 부에 대한 애덤 스미스의 통찰이 의미 있는 이유가 여기에 있다. 그는 인간의 이기심을 인정하고 이를 통해 사회 전체의 성장이 가능하다고 믿었는데, 동시에 그 누구보다 돈 때문에 인간의 존엄성이 파괴되지 않길 간절히 바랐다.

책 제목에서 추측할 수 있듯 그가 강조한 건 이성이 아니라 감정이다. 조금 더 구체적으로 말하면 다른 사람의 마음에 대한 공감이다. 시도 때도 없이 이기적인 게 우리의 마음이지만 때로는 내게 아무런 이익이 되지 않아도 본능적으로 타인의 슬픔에 공감하고 누군가를 돕고 싶어 한다. 그는 이런 감정이 존재한다는 게 너무나 자명하기 때문에 굳이 증명할 필요도 없다고 말한다. 부가 늘어나고 돈이 중요한 세상이 될수록 이처럼 우리 안에 원래 있던 도덕 감정인 공감 능력을 살려내는 게 가장 중요하다.

뜬구름 잡는 소리를 하지 않고 언제나 현실에 단단히 발을 붙이고 있는 철학자답게 그는 실제 우리가 일상에서 언제든 써먹을 수 있는 생각 도구를 제시한다. 바로 '공정한 관찰자'다. 누구나 마음속에 공정한 관찰자를 갖고 있으니 그가 하는 말에 귀를 기울이라는 주장이다. 우리가 흔히 하는 양심적으로 살라는 말과는 조금 다르다. 개인의 양심보다는 좀 더 보편적이고 객관적인 눈이 있음을 전제로 하는 말이다.

아무리 잘나가고 성공 가도를 달려도 내 안의 공정한 관찰자에게 날마다 비난받는 사람은 결코 자신의 존엄성을 지킬 수 없다. 그런 사람은 자신이 존경받을 가치가 없음을 알고 점점 더 잘못된 길로 빠진다. 게다가 그럼에도 자신을 따르는 여러 사람을 보며 돈과 명성의 위력을 절감하고 그들의 속물근성을 혐오한다. 자기혐오가 타인에 대한 혐오로 이어지는 루프 속에서 세상은 조금 더 나빠진다.

생각해보면 언제나 나를 구한 건 공정한 관찰자였다. 인간은 누구나 실수할 수 있고, 이기적인 선택을 할 수 있고, 그래서 타인을 괴롭힐 수 있다. 나도 그랬다. 그래도 그때마다 공정한 관찰자가 나타나 내게 주의를 줬다. 나는 그의 말을 귀담아들었고 덕분에 문제가 더 악화하는 걸 막을 수 있었다. 그리고 타인의 마음을 읽기 위해 노력했다. 이건 다른 사람 눈치나 보며 타인의 시선에 휘둘리라는 말과는 거리가 멀다.

공감 능력이 현저히 떨어지는 사람이 아니라면 타인의 기분과 마음의 평화는 고스란히 나에게로 돌아온다. 주변 사람들의 기분을 살펴 그들이 긍정적 에너지를 내게 보낼 수 있도록 하는 게 결국 내게도 좋은 일이다.

내 삶의 주인공은 내가 아니다. 나는 여러 사람과 더불어 살아가는 '시민 1'이다. 어떤 순간에도 이 당연한 사실을 잊지 말자. 나만을 소중히 여기는 나르시시스트가 될수록 역설적으로 나의 존엄성은 훼손된다. 나라는 감옥에 갇혀 살고 있다면 어디선가 지금도 열심히 떠들고 있는 공정한 관찰자의 목소리에 귀를 기울여라. 어서 도망치라고, 그 감옥에서 벗어나라고 소리 지르고 있을 것이다.

존엄성을 회복하고 삶의 의미를 되찾기 위해서는 나라는 감옥에서 빠져나와 공동체 감각을 회복해야 한다. 내 마음이 다른 사람의 마음에 더 깊이, 더 많이 공감하도록 훈련해야 한다. 우리가 책을 읽는 이유도, 영화를 보고 음악을 듣고 미술 작품을 감상하는 이유도 이 때문이다. 나를 벗어나 다른 사람의 마음에 가 닿는 것. 그리고 그 모든 마음을 존중하고 수단으로 삼지 않는 것. 인간의 존엄성을 지키는 그 위대한 길은 바로 이런 사소한 노력에 달려 있다. 우리에게 신의 축복이 있길 바라는 로즈워터 씨가 손을 흔들며 이렇게 말한다.

안녕 아가들아. 지구에 온 걸 환영한다. 여긴 여름엔 덥고 겨울엔 춥단다. 그리고 둥글고 축축하고 붐비는 곳이지. 여기선 고작해야 백 년 정도밖에 못 산단다. 아가들아, 내가 아는 단 하나의 규칙을 말해줄까? 제기랄, 착하게 살아야 한다.

삶의 존엄성을 지키기 위하여

값어치가 아닌 가치로,
우열의 세계에서 존엄의 세계로

10장

나를 떠나가는 것들에
웃으면서 굿바이

도망치는 삶을 지향한다면
나에게서 도망치는 사람들에게도 관대해져야 한다.
내가 원한다고 다 가질 순 없으니까.
시간이 흐르면 모든 관계는 변하니까.
어떤 결과를 초래한 이유를 우린 다 알 수 없으니까.

소중한 사람에게서 버려진 순간에 얻은 깨달음

내게 큰 타격을 준 그 일이 처음 시작된 건 서른세 살이 되던 해 1월이었다. 친구는 생각을 정리할 게 있어 한 달간 잠수를 타겠다는 말을 남기고 내 인생에서 사라졌다. 잠수를 타는 게 취미이자 특기인 친구라 처음엔 대수롭지 않게 생각했다. 그런데 한 달이 지나도 그는 나타나지 않았다. 문자를 보내도 답이 없고 전화도 받지 않았다. 잠수 타는 기간이 좀 길어지는 거라 생각했는데 알고 보니 그는 내 삶에서만 사라진 거였다. 다른 친구들과의 관계에는 아무런 변화가 없었다. 나만 그의 인생에서 삭제됐다.

15년 넘게 가깝게 지낸 친구였다. 고등학생 때는 대구에서, 대학생 때는 서울에서, 군 생활을 할 때는 다시 대구에서 같은 시공간을 공유했고, 심지어 제대 후에는 아일랜드에서도 몇 달간 함께 머물렀다. 내 결혼식에서 우리 부부의 결혼을 축복하는 축사도 낭독해주었다. 누구보다 자주 만나고 통화하며 속 얘기를 다 꺼내놓는 친구였고, 시시껄렁한 농담을 하고 십 원짜리 욕을 주고받을 수 있는 친구였다. 그런데 그런 친구가 갑자기 나를 손절했다.

그 사실을 받아들이기까지는 시간이 좀 걸렸다. 무슨 이유가 있을 거라 생각했고 나중에 다 설명해주리라 믿었다. 하지만 내겐 자초지종을 들을 기회가 주어지지 않았다. 아무리 생각해봐도 이유를 짐작하기 어려웠고 그 난데없음이 가장 힘들었다. 내가 인지하지 못한 잘못을 했다면 그는 나를 비난하고 추궁해야 했다. 그게 15년 친구에 대한 예의였다. 결국 나는 아무 이유도 모른 채 버려졌고, 그건 내 삶에 상처로 남았다.

물론 우리는 살면서 한때는 소중했던 많은 사람과 이별한다. 가는 길이 달라져서 자연스레 연락이 뜸해지기도 하고, 사소한 갈등을 빌미로 서로 기분이 상해서 더는 안 보고 살기도 하고, 노는 물이 달라져서 어쩔 수 없이 같이 놀 수가 없게 되기도 한다. 이런 이별에는 다 이유가 있다. 이유가 있고 이해가 되면 우리는 그게 아무리 아픈 일이라도 어떻게든 받아들일 수 있다.

하지만 나에겐 조그만 단서조차 없었다. 그러다 보니 친구에 대한 원망보다 나에 대한 불신이 더 커졌다. 내가 무슨 잘못을 했거나 나에게 무슨 문제가 있지 않고서야 이런 일이 일어날 리 없을 듯했다. 내 잘못이 뭔지 짐작조차 하지 못했기 때문에 내 인식 속의 나는 더욱 비도덕적인 사람이 되었다. 나는 스스로를 하자 있는 사람이라 여기면서 인간관계에서 점차 자신감을 잃어갔다. 수치심이 일어 아내에게도 이 일을 털어놓지 못했다. 그렇게 혼자 몇 년간 끙끙댔다. 하지만 시간이 흐를수록 한 가지가 분명해졌다. 부정확하고 쓸데없는 추정으로 나를 괴롭히거나 상대를 원망할 게 아니라, 지금 내가 가진 정보로 내가 이해할 수 있는 팩트만 보면 되는 거였다. 팩트는 단순했다. 그는 더 이상 나를 친구로 두고 싶지 않았다. 따지고 보면 그 사실보다 더 중요한 건 없다. 이유야 있겠지만 그게 뭐든 상관없었다. 힘들지만 잔혹한 진실을 받아들이니 마음이 편해졌다.

친구 입장에서 보면 사실 굉장한 용기를 낸 것 아니겠는가. 방법이 세련되진 못했지만 어쨌건 그는 스스로 판단하여 나에게서 도망쳤다. 그 자리에 가만히 서 있는 게 아니라 내가 없는 반대 방향으로 있는 힘껏 달아났다. 그리고 아마 어정쩡한 상태로 생기 없는 관계를 이어가는 것보다 한결 홀가분하게 살아가고 있을 것이다.

이 일을 겪고 난 후로 나는 관계에서 조금 더 담백해졌다. 무작정 가까워지기보다는 적당히 거리를 두는 관계에 안정감을 느꼈다. 그러다 보니 학창 시절처럼 마냥 편한 관계는 사라졌다. 대신 새로운 사람을 만나는 것에 대한 기대가 커졌고, 타인을 조금 더 깊이 알아가는 것의 즐거움을 알게 됐다. 마냥 편한 사이보다는 서로 얼마간의 긴장을 유지하며 삶의 다양한 영역에서 자극을 주고받는 관계가 좋아졌다.

유배 중인 학자 정약전과 청년 어부 창대의 우정을 그린 영화 〈자산어보〉를 보며 눈물을 펑펑 흘린 것도, 정약전의 명대사 "벗을 깊이 알면 내가 더 깊어진다"라는 말에 전율을 느낀 것도 다 그런 이유 때문일 것이다. 몸이 아픈 소녀와 그녀의 친구가 되어주기 위해 존재하는 인공지능의 우정을 그린 소설 『클라라와 태양』에 깊이 감동한 것도 마찬가지 이유였다. 나는 이질적인 두 존재의 우정을 그려낸 스토리에 유난히 끌렸다.

나이를 먹으면 새로운 친구를 사귀기 어렵다는 어른들의 말은 틀렸다. 친구는 오래될수록 좋다는 어른들의 말도 반만 맞다. 중요한 건 나이나 시간 따위가 아니라 나와는 다른 존재를 조금씩 깊이 알아가는 과정이다. 서로 더 알아갈 필요가 사라지면 그 관계는 생기를 잃는다. 오래된 관계를 억지로 유지하려 하는 고집은, 어린 시절처럼 마냥 편한 사이가 아니면 친구가 아니라고 생각하는 태도는 우리 마음을 삐걱거리게 할 뿐이다.

도망치는 삶을 지향한다면 나에게서 도망치는 사람들에게도 관대해져야 한다. 내가 원한다고 다 가질 순 없으니까. 시간이 흐르면 모든 관계는 변하니까. 어떤 결과를 초래한 이유를 우린 다 알 수 없으니까. 중력의 유통기한이 끝나는 순간 모든 것은 먼지처럼 날아가 버리니까.

—

버림받는 것에 대한 공포

우리는 모두 버림받는 것에 대한 강한 공포를 느낀다. 당연하다. 인류가 부족 생활을 하던 시절, 타인에게 거부당한다는 건 곧 생존의 위협을 의미했다. 멀리 갈 것도 없다. 세상에 태어나 유년기를 보내던 시기에도 부모에게 버림받는 순간 우리는 생존하지 못한다. 유약하게 태어난 인간은 성인이 되어서도 직장 상사로부터, 오랜 친구로부터, 사랑하는 연인으로부터 버림받을까 봐 끝없이 불안해한다. 이는 한 개인의 자존감과도 직결되는 문제다. 자존감이 건강하지 않은 사람일수록 버림받는 데 대한 공포가 크다.

앞서 내가 털어놓은 사연과 비슷하게 어떤 친구나 무리로부터 이유도 모른 채 버림받는 이야기는 제법 흔하다. 우리 인간에게 불안이나 공포의 대상이 되는 소재는 언제나 좋은 이야깃거리가 된다. 더구나 문학은 언젠가 닥칠지 모를 그런 불안과 공포를 미리 시뮬레이션해볼 수 있는 최고의 수단이다.

무라카미 하루키의 장편소설『색채가 없는 다자키 쓰쿠루와 그가 순례를 떠난 해』의 모티프도 바로 그것이다. 30대 중반의 철도회사 직원 다자키 쓰쿠루는 대학교 2학년 때 영문도 모른 채 가장 친한 친구 네 명에게 절교를 당하고 절망 속에서 살아왔다. 그는 사랑하는 연인에게 그 이야기를 털어놓고, 그녀의 독려로 그 시절의 친구를 만나러 떠나는 순례를 시작한다. 친구들이 자신을 떠나간 이유를 알아내면 그동안 자신이 잃어버린 무언가를 되찾을 수 있지 않을까 하는 희망을 품고 길을 나선다.

　누가 범인인지를 추적하는 추리소설의 미스터리보다 내가 왜 버림받았는지 그 이유를 찾아가는 이 소설의 미스터리가 흡인력이 훨씬 더 강한 이유는 그만큼 관계의 단절이 주는 공포감이 크기 때문이다. 나에게서 도망치는 타인에게는, 특히 그가 내게 의미 있는 타인이라면 절대 쉽게 마음을 진정할 수 없다.

　시간과 공간을 뛰어넘어 어떤 진실을 찾으려 한 행위가 우리에게 위로가 될지 절망이 될지는 미리 알 수 없다. 오이디푸스 왕처럼 스스로 자신의 눈을 찌를 수밖에 없을 정도로 고통스러운 진실과 마주하게 될지도 모른다. 다자키 쓰쿠루처럼 누군가 거짓말을 했다는 걸 알아내고 뒤늦게 그 오해를 푼다고 해서 상처가 치유되고 고통이 덜어질까. 내가 잘못을 했건 하지 않았건 어쩌면 진실은 중요하지 않을지도 모른다. 진실을 알아낸들 내가 받는 타격은 크게 달라지지 않는다. 중요한 건 버림받았다는 사실 그 자체다. 그러므로 우리에게 중요한 건 진실을 찾는 과정이 아니라 나에게서 도망치는 것들을 바라보는 시선이다. 어떤 태도로 보내줄 것인가를 고민해야 한다.

나는 그 바람직한 태도를 실존주의에서 찾는다. 여러 방법으로 실존주의를 설명할 수 있겠지만, 핵심 가치는 '주체성의 회복'이다. 그 어떤 말이나 해석이 있기 전에 나는 이미 이 세상에 실존하며, 생각하고 느끼고 행동하는 주체로서 존재한다. 절망과 고통이 닥칠 때도 스스로 주체가 되지 못하면 아무것도 해결할 수 없다. 이 문제를 이해하는 데는 밀란 쿤데라의 소설 속 인물들이 도움이 된다.

『이별의 왈츠』에 등장하는 올가는 일곱 살에 아버지를 잃었다. 아버지는 정치범으로 처형당했다. 고아가 된 그녀를 아버지의 동지였던 야쿠프가 돌봐왔다. 야쿠프는 자기 자신을 올가의 보호자, 즉 아버지를 대체하는 역할로 규정하는데 그건 올가가 성인이 되어서까지도 변하지 않는다. 그러던 어느 날 정치 투쟁에 지친 야쿠프는 출국 허가가 떨어지자마자 조국을 떠나려고 마음먹는다. 그리고 올가와 마지막으로 작별 인사를 하기 위해 그녀를 찾는다. 올가 입장에서 보면 또 한 명의 소중한 타인이 자신을 떠나가는 순간이다.

하지만 올가는 혼자 남겨질 것을 두려워하지 않는다. 그녀는 주체성을 회복해 자신과 야쿠프의 관계를 자신이 다시 정하길 원한다. 보호자와 피보호자의 관계에서 벗어나 대등한 남녀 관계로 거듭나길 바라며 야쿠프를 성적으로 유혹한다. 야쿠프를 자기 곁에 붙잡아 두기 위해서가 아니라 자신을 떠나는 야쿠프와의 관계에서 스스로 주체성을 회복하기 위한 행동이었다. 그런 올가의 태도에 남겨진 자의 슬픔이나 불안이 보일 리 없다. 그는 자신을 떠나가는 소중한 사람을 말 그대로 웃으며 보내주었다.

—

불안에 잡아먹히지 않고 함께 사는 방법

실존주의 철학자 키르케고르는 모든 사람의 내면 깊은 곳에 세상에 홀로 내던져지고, 사람은 물론 신에게도 잊히고 말 거라는 불안이 잠재한다고 말한다. 그 불안 때문에 인간은 가족이나 친구 등에게 별다른 낌새가 있진 않은지 끊임없이 살핀다. 어떻게 보면 이런 불안에 어떻게 대처하느냐에 따라 정서적 측면에서의 삶의 질이 결정된다. 언제든 버려질 수 있다는 불안에 잡아먹힌 사람들은 헤어날 수 없는 외로움과 우울감에 시달리며 자기 자신을 스스로 파괴한다.

키르케고르가 제안하는 대처법은 단순하다. 인간은 세상에 그냥 던져진 게 맞고 불안한 게 당연하니까 그저 그 사실을 받아들이고 불안에 익숙해지라고 말한다. 불안해하지 않는 것이 오히려 비정상이라는 것, 불안해하는 것이 지금 내가 살아 있는 증거임을 깨닫고 인정하라는 것이다.

『불안』이라는 책을 쓴 알랭 드 보통도 "인생은 하나의 불안을 다른 불안으로 대체하고, 하나의 욕망을 다른 욕망으로 대체하는 과정"이라고 지적했다. 이처럼 불안을 당연한 것으로 받아들이면, 적절한 수준의 불안은 우리를 앞으로 나아가게 하고 우리를 더 나은 사람으로 만드는 원동력이라는 사실을 깨닫게 된다.

돌이켜 보면 지금의 나를 만든 것도 모두 이런 불안이었다. 남자 중학교에 다닌 나는 3년 내내 여자인 친구와 한마디 대화조차 나눠본 적이 없었다. 그래서 남녀공학 고등학교에 처음 입학했을 때 한동안은 그야말로 불안과 긴장의 연속이었다.

나는 여자들에게도 친구로 받아들여지고 싶었다. 남자로서 사랑받고 싶은 마음보다는 친구로서 사랑받고 싶은 마음이 훨씬 더 컸다. 물론 그만큼 친구로 받아들여지지 못할 것에 대한 불안감도 있었다. 그 불안감이 나를 움직였다. 나보다 더 나은 내가 되기 위해 공부도 더 열심히 하고 운동에도 더욱 열을 올렸다.

상대방의 이야기를 귀 기울여 듣고 그들의 고민에 공감했고, 친구들을 웃게 해주고 기분 좋게 해주려고 애썼다. 타인의 시선에 안달복달하는 똥 마려운 강아지가 되는 순간 인간으로서의 매력이 사라진다는 것도 알았기에 적절한 선을 유지하는 데도 나름 신경 썼다.

그렇게 보낸 고등학교 3년의 세월이 지금의 나를 만드는 데 막대한 영향을 끼쳤다. 남녀 상관없이 친구가 되는 법을 터득했고 실제로 여자인 친구가 더 많아졌으니 성별에 따른 선입견이 사라졌다. 관계에서 커뮤니케이션이 얼마나 중요한지도 깨달았고, 내 미래를 위해 준비하는 시간과 타인과 함께 즐거움을 공유하는 시간의 균형을 잡는 법도 알게 됐다. 한마디로 삶의 균형을 유지하는 법을 알게 됐다. 모두 친구들에게 사랑받기 위해, 더 나은 내가 되기 위해 노력한 결과였다.

언젠가 회사 동료들에게 학창 시절의 내 이야기를 들려줬더니 한 후배가 자신도 그랬다면서, 그게 바로 '관종'이라고 평가했다. 그 자리에서 바로 반박하지 않은 이유는 그게 사실일 것 같았기 때문이다. 하지만 그보다 더 의미 있는 통찰은 인간은 누구나 관종이라는 사실이다. 관심받고 싶어 하는 마음 때문에 우리는 끊임없이 불안해하고 그 불안이 바로 우리가 살아 있음을 증명한다.

나를 떠나가는 것들에 웃으면서 굿바이

어느 한 가지 불안에서 벗어나면 또 다른 불안이 우리에게 다가오겠지만 중요한 건 어떤 순간에도 불안에 잡아먹히지 않고, 그 불안을 딛고 최선을 다해 더 나은 내가 되려고 노력하는 것이다. 만약 내가 불안에 잡아먹혀 아무것도 하지 않고 나를 지킬 벽을 세우는 데 전념했다면? 애당초 상처받지 않으려고 누구에게도 손을 내밀지 않았다면? 그럼 난 훨씬 더 좁은 세상에서 더욱 불안해하며 안전했을 것이다. 살아 있음을 느끼지 못한 채! 나는 한순간도 그렇게 살고 싶지 않았다. 그러니까 타인에게 사랑받기 위해 노력한다는 건 누군가에게 버림받고 상처받을 것을 각오한 용기 있는 행동이다. 불안을 껴안는 실존주의적 처방을 적극적으로 수행하는 일이다.

그렇게 노력했음에도 모두에게 받아들여지는 건 아니다. 심지어 한때 가장 소중했던 사람도 나를 버릴 수 있다. 내가 좋아하는 사람들이 전부 모이는 술자리에 나 혼자 초대를 받지 못하는 상황 같은 것도 비일비재하게 생긴다. 겉으로 드러낼 수 있느냐 꼭꼭 숨기고 아무 일 없는 척하고 사느냐 하는 문제지, 속상하고 서운한 일은 누구에게나 언제든 일어날 수 있다.

내가 언제든 도망칠 수 있듯이 그 누구라도 언제든 나에게서 도망칠 수 있다. 그럴 때는 처음 우리가 불안을 껴안은 것처럼 나에게서 도망치는 것들도 껴안으면 된다. 타인을 향해 떠나는 모험, 더 넓은 세상으로 떠나는 모험에는 항상 이런 위험이 뒤따르는 것 아니겠나. 얻는 게 있으면 잃는 게 있고, 잃는 게 있으면 얻는 게 있다. 어떤 순간에도 내가 내 인생의 주체라는 사실만 잊지 않으면 된다. 그렇게 넘어지고 상처받으면서 우린 더 단단해지고, 조금 더 나은 사람이 된다.

잘 지내세요
저도 잘 지내겠습니다

어떻게 나를 움직일 것인가

내가 좋아하고 신뢰하는 직장 동료에게 도망을 주제로 한 책을 쓰고 있다고 조심스레 털어놨다. 그의 반응은 단순했다. 자신은 도망치는 게 제일 싫다고, 무책임하게 다 내팽개치고 도망치는 사람들이 너무 별로라고. 머릿속이 온통 도망 예찬론으로 가득 차 있던 터라 그의 반응에 조금 당황했지만, 바로 그게 일반적인 인식임을 새삼 깨달았다. 그러자 이 책의 목적도 분명해졌다. 그런 보통의 인식을 조금이나마 바꾸는 것. 도망치는 걸 그렇게 싫어하던 그 친구의 마음을 여는 것. 잘 도망치는 것에 대해 함께 생각해보고 서로 의견을 나눌 수 있는 자리를 만드는 것. 최소한 버티는 삶보다 더 나은 삶이 있다는 것을 알고 그 대안을 찾을 용기를 내게 하는 것.

과연 이 책이 그런 목적을 달성할 수 있을까? 결과는 내 의도와 다를 수도 있고 결국 모든 건 독자의 몫이겠지만, 적어도 나만큼은 이 책을 쓰면서 꽤 많은 것이 달라졌다. 먼저 머릿속으로만 상상하던 출판사 창업을 실제로 하게 됐다. 그렇게 좋아했고 푹 빠져 일했던 회사를 떠나 독립할 용기를 내는 데 이 책의 집필 과정 자체가 큰 도움이 됐다. 분명 도망치는 건 아니었지만, 도망치는 데 필요한 용기와 도전하는 데 필요한 용기가 그리 다른 성격의 것이 아님을 알게 되었다.

　그리고 나의 에고로부터 조금 더 자유로워졌다. 나에 대해 덜 생각하고, 나 바깥에 있는 것을 더 생각하게 됐다. 내 주변에 있는 소중한 사람들을 다시 발견했고, 그들에게 더 친절하고 다정해졌다. 두려움 없이 새로운 관계를 맺고 새로운 것을 배우고 새로운 세계로 나아갔다. 머리보다 몸을 더 움직이려고 노력했고, 난생처음 명상도 시작했다. 그렇게 나 바깥의 세상으로 나감으로써 더 나답게 살 수 있음을 깨달았다.

　탐나는 아이템이 있어 기획을 추진하다가도 아니다 싶은 순간에는 꽤 큰 매몰 비용을 감수하고 과감하게 접기도 했고, 내가 어찌할 수 없는 것들도 조금 더 담담히 받아들이게 됐다. 건방지게 들릴지도 모르겠지만, 신학자인 라인홀트 니버가 남긴 기도

문이자 스토아 철학자인 에픽테토스가 궁극적으로 추구하는 상태에 조금 더 가까워질 수 있으리란 자신감도 생겼다.

신이시여, 저에게 변화시킬 수 없는 것을 받아들일 수 있는 평온함을, 변화시킬 수 있는 것을 변화시키려는 용기를, 그리고 그 둘의 차이를 알 수 있는 지혜를 주시옵소서.

프롤로그에서 인용한 제프 다이어의 책은 『꼼짝도 하기 싫은 사람들을 위한 요가』다. 나는 그의 말처럼 앉았다 일어났다를 반복하며 인생을 허비하고 싶진 않다. 조지 버나드 쇼의 묘비명처럼 "우물쭈물하다 내 이럴 줄 알았지"라는 말을 남기고 죽고 싶지도 않다. 버티는 삶이 아닌 자유롭고 주체적인 삶을 살고 싶고, 실패를 무릅쓰더라도 어떻게든 나를 움직여 계속 다른 세계로 나아가고 싶다. 그러니 나에게 이 책을 쓰는 작업은 곧 '어떻게 나를 움직일 것인가?'라는 질문에 대한 답을 찾는 과정이었다.

에필로그

움직이는 게 쉽다고 생각할지 모르겠지만, 사실 우리 삶은 맨 땅 위가 아닌 파도 위에 있다. 똑같은 파도는 단 하나도 없듯이 우리는 매일 새로운 하루를 시작해야 한다. 숙련된 서퍼처럼 자유자재로 몸을 움직이며 파도를 타는 건 어려운 일이다. 그래서 우리는 일어서거나 움직이는 대신 그냥 파도의 흐름에 몸을 맡긴다. 어제 산 것처럼 오늘을 살고, 운명의 장난이 우리를 어디로 데려가는지 가만히 지켜본다. 힘든 일이 있으면 그저 버티면서, 파도가 좀 나아지길 기다리며 수동적인 삶을 사는 것이다.

오직 움직이는 법을 배운 사람들만이 그런 삶에서 벗어나 원하는 삶을 살 수 있다. 내 것인 파도와 내 것이 아닌 파도를 구분할 수 있고, 언젠가는 내 것인 파도가 올 것임을 믿고 미리 준비할 수 있다. 그러다 마침내 기다리던 내 파도가 오면 그 위에 잽싸게 올라타 원하는 방향으로 쭉 나아가면 된다. 이 책에서 말하는 도망의 기술은 결국 인생이란 거친 파도 위에서도 마음먹은 대로 움직이는 방법에 관한 것이다. 내 파도가 오고 있는데도 눈을 감아버리는 비겁한 움직임이 아니라, 내 것이 아닌 파도를 보내줄 줄 알고, 내 파도가 왔을 때 놓치지 않고 올라타는 용기 있는 움직임을 말하는 것이다.

내가 너무 소중한 사람들은 움직이지 못한다. 우리가 겪는 모든 문제는 이런 나 자신과의 지나친 연루에서 비롯한다. 나에게서 벗어나기를 두려워하지 말자. 아무리 파도가 거칠더라도 움직이기를 두려워하지 말자.

생각은 혼자 놔두면 외롭고 무력하다. 생각은 소통을 통해 수정되어야만 남들에게도 의미 있는 생각이 된다.

시어도어 젤딘의 가르침대로 혼자 놔두면 외롭고 무력했을 내 생각을 이 책에 다 털어놨다. 드디어 나도 독자와의 소통을 통해 내 생각을 수정할 기회를 얻게 됐다. 얼마나 많은 독자가 이 책을 읽게 될진 모르겠지만 이 책을 매개로 새로운 소통을 시작하여 저자인 나도, 독자인 당신도 지금 우리를 지배하고 있는 생각을 수정할 수 있으면 좋겠다. 생각이 달라진 그 지점에서 의미라는 꽃을 피워내겠다.

제가 직접 쓴 책이 아닌 책에 삽화가로서만 참여한 건 이번이 처음입니다. 첫 번째 이유는 작가님과의 친분 때문이고 두 번째 이유는 글이 좋아서였는데, 저 역시 '시의적절한 도망이 인생을 구한다'라는 기조로 살아왔기에 큰 공감을 하며 읽었습니다.

사실 저는 운명론자에 가까워서 누구나 자신만의 길이 있다고 생각합니다. 하지만 그 길이 어디로 나 있는지 알고 걷는 이는 없습니다. 삶에 지도는 제공되지 않고, 제아무리 운명에 맡기며 산다 해도 결국 모든 결정은 우리의 몫이죠. 그래서 우리는 불안해하고 남들이 걸어온 길을 따라 걷기도 하지만, 그 길이 자신의 길이 아닐 때가 많기에 힘들어합니다.

그러면 어떻게 우리의 길을 찾을 수 있을까요. 제가 터득한 노하우가 하나 있다면, 삶이 보내는 신호를 알아차리는 겁니다. 지금의 현실에서 옴짝달싹하지 못한다면, 같은 문제와 고민이 반복된다면, 그건 막다른 길에 이르렀다는 신호입니다. 그리고 그 신호는 가만히 멈춰 있으라는 뜻이 아니라, 잘못된 길에 들어섰으니 다른 길로 가라는 뜻이겠죠.

더 나아가기 힘든 순간이 반복된다면, 방향을 돌려 완전히 다른 곳을 향해 도망쳐봅시다. 그 순간의 선택들이 모여, 삶의 지도를 완성할 테니까요. 당신이 바라던 길을 찾는 데 이 책이 도움이 되면 좋겠습니다. 저도 당신의 여정을 응원하겠습니다.

감사합니다. 다음에 또 만나요.

김수현 올림.

참고문헌

—— **프롤로그**

- 제프 다이어, 김현우 옮김, 『꼼짝도 하기 싫은 사람들을 위한 요가』, 웅진지식하우스, 2014.

—— **1장**

- 필립 로스, 정영목 옮김, 『네메시스』, 문학동네, 2015.
- 어니스트 헤밍웨이, 정영목 옮김, 「깨끗하고 불이 환한 곳」, 『킬리만자로의 눈』, 문학동네, 2012.
- 알랭, 방곤 옮김, 『행복론/인간론/말의 예지』, 동서문화사, 2019.

—— **2장**

- 오가와 히토시, 이정환 옮김, 『아침 3분 데카르트를 읽다』, 나무생각, 2017.
- 르네 데카르트, 소두영 옮김, 『방법서설/성찰/철학의 원리』, 동서문화사, 2016.
- 이사카 고타로, 김소영 옮김, 『골든슬럼버』, 웅진지식하우스, 2008.
- 줄리언 반스, 최세희 옮김, 『예감은 틀리지 않는다』, 다산책방, 2012.

—— **3장**

- 알랭, 방곤 옮김, 『행복론/인간론/말의 예지』, 동서문화사, 2019.
- 이언 매큐언, 한정아 옮김, 『속죄』, 문학동네, 2003.
- 가스통 바슐라르, 정영란 옮김, 『공기와 꿈』, 이학사, 2000.
- 제임스 조이스, 이상옥 옮김, 『젊은 예술가의 초상』, 민음사, 2001.

—— 4장

- 지그문트 프로이트, 임홍빈, 홍혜경 옮김, 『정신분석 강의』, 열린책들, 2020.
- 하 진, 왕은철 옮김, 「작곡가와 앵무새」, 『멋진 추락』, 시공사, 2011.
- 롤랑 바르트, 김희영 옮김, 『사랑의 단상』, 동문선, 2004.
- F. 스콧 피츠제럴드, 김영하 옮김, 『위대한 개츠비』, 문학동네, 2009.

—— 5장

- 르네 지라르, 김치수, 송의경 옮김, 『낭만적 거짓과 소설적 진실』, 한길사, 2001.
- 서머싯 몸, 송무 옮김, 『달과 6펜스』, 민음사, 2000.
- 새뮤얼 스마일즈, 장만기 옮김, 『자조론』, 동서문화사, 2017.
- 마광수, 『권태』, 문학사상사, 1998.
- 알베르토 모라비아, 이현경 옮김, 『권태』, 열림원, 2005.

—— 6장

- 김선우, 『발원 1, 2』, 민음사, 2015.
- 조던 B. 피터슨, 강주헌 옮김, 『12가지 인생의 법칙』, 메이븐, 2018.
- 앤드루 포터, 김이선 옮김, 「빛과 물질에 관한 이론」, 『빛과 물질에 관한 이론』, 문학동네, 2019.
- 스벤 브링크만, 강경이 옮김, 『절제의 기술』, 다산초당, 2020.

─── 7장

- 히라노 게이치로, 이영미 옮김, 『나란 무엇인가』, 21세기북스, 2015.
- 밀란 쿤데라, 이재룡 옮김, 『정체성』, 민음사, 2012.
- 질 들뢰즈, 펠릭스 가타리, 김재인 옮김, 『천 개의 고원』, 새물결, 2001.
- 조르주 페렉, 김명숙 옮김, 『사물들』, 펭귄클래식코리아, 2011.
- 자크 데리다, 남수인 옮김, 『글쓰기와 차이』, 동문선, 2001.
- 하 진, 김연수 옮김, 『기다림』, 시공사, 2007.

─── 8장

- 서동욱, 「에마뉘엘 레비나스: 타자의 철학」, 『프랑스 철학의 위대한 시절』, 반비, 2014.
- 이창래, 정영목 옮김, 『척하는 삶』, 알에이치코리아, 2014.
- 시어도어 젤딘, 문희경 옮김, 『인생의 발견』, 어크로스, 2016.
- 정현종, 「방문객」, 『광휘의 속삭임』, 문학과지성사, 2008.
- 요나스 요나손, 임호경 옮김, 『창문 넘어 도망친 100세 노인』, 열린책들, 2013.
- 피터 드러커, 이재규 옮김, 『피터 드러커의 자기경영노트』, 한국경제신문, 2003.
- 기시미 이치로, 고가 후미타케, 전경아 옮김, 『미움받을 용기』, 인플루엔셜, 2014.

—— **9장**

- 전봉관, 『럭키경성』, 살림, 2007.
- 커트 보니것, 김한영 옮김, 『신의 축복이 있기를, 로즈워터 씨』, 문학동네, 2010.
- 페터 비에리, 문항심 옮김, 『삶의 격』, 은행나무, 2014.
- 가즈오 이시구로, 김남주 옮김, 『나를 보내지 마』, 민음사, 2009.
- 롭 무어, 김유미 옮김, 『레버리지』, 다산북스, 2017.
- 애덤 스미스, 김광수 옮김, 『도덕감정론』, 한길사, 2016.

—— **10장**

- 무라카미 하루키, 양억관 옮김, 『색채가 없는 다자키 쓰쿠루와 그가 순례를 떠난 해』, 민음사, 2013.
- 밀란 쿤데라, 권은미 옮김, 『이별의 왈츠』, 민음사, 2012.
- 쇠렌 키르케고르, 임규정 옮김, 『불안의 개념』, 한길사, 1999.
- 알랭 드 보통, 정영목 옮김, 『불안』, 은행나무, 2011.

—— **에필로그**

- 라이언 홀리데이, 스티븐 핸슬먼, 장원철 옮김, 『하루 10분, 내 인생의 재발견』, 스몰빅라이프, 2018.
- 시어도어 젤딘, 문희경 옮김, 『인생의 발견』, 어크로스, 2016.

나는 도망칠 때 가장 용감한 얼굴이 된다

초판 1쇄 발행 2021년 6월 7일
초판 2쇄 발행 2023년 1월 2일

글 윤올 **그림** 김수현

편집 신혜진
디자인 [★]규
마케팅 신동익
제작 (주)공간코퍼레이션

펴낸이 윤성훈 **펴낸곳** 클레이하우스(주)
출판등록 2021년 2월 2일 제2021-000015호
주소 경기도 파주시 회동길 530-20, 402호
전화 070-4285-4925 **팩스** 070-7966-4925 **이메일** books@clayhouse.kr

ⓒ윤올, 김수현, 2021

ISBN 979-11-973771-0-5 (03190)